한강《채식주의자》다시 읽기

— 외설인가 예술인가

한강
《채식주의자》
다시 읽기

— 외설인가 예술인가

계간문예

■ 목차

I. 들어가는 말
  1) 독서토론   11
  2) 에피소드-하나   12
  3) 에피소드-둘   14
  4) 에피소드-셋   16
  5) 채식주의자   20
  6) 객관적상관물과 T. S. 엘리엇   22
  7) 작가가 독자에게 보여주고 싶은 것   26

II. 본론
  1. 채식주의자
    1) 안티 코르셋   34
    2) 페미니즘   38
      ①모계사회와 부계사회
      ②여성들의 잔혹사
      ③어떤 남자가 살아남나?
      ④ 1/4(25%)과 3/4(75%)의 행복
      ⑤초현실과 페미니즘
    3) 무의식과 초자아의 충돌   63
    4) 육식을 거부하다   65

5) 원형적 관찰　　　　　　　　　　　　　　72

　　6) 호접몽, …꿈을 꿨어　　　　　　　　　75

　　7) 무의식과 꿈　　　　　　　　　　　　　85

　　8) 그림자　　　　　　　　　　　　　　　　91

　　9) 전의식　　　　　　　　　　　　　　　　101

　　10) 페르소나와 전의식　　　　　　　　　　104

2. 몽고반점

　　1) fetishism과 ~philia 그리고 libido　　　108

　　2) 낯설게하기가 창작이다　　　　　　　　120

　　　　①안광 저, 「이순신과의 동침」

　　3) 옷을 벗어　　　　　　　　　　　　　　143

　　4) 처제와 형부는 어떤 사이인가　　　　　150

　　5) 외설과 예술의 차이　　　　　　　　　　154

　　6) 야한 예술들　　　　　　　　　　　　　159

　　　　①즐거운 사라

　　　　②눈 이야기

　　　　③감각의 제국-영화

　　　　④니힐리즘과 자살

　　　　⑤주이상스와 데카당스

⑥8요일

　　⑦베로니카, 사랑의 전설

　　⑧채텔리 부인의 연인

　　⑨그레이의 50가지 그림자 – Sex는 宇宙的인 것

　　⑩홍길동전을 쓴 허균 – 色을 끊으면 天地가 끊기고

　7) 섹스는 예술이다　　　　　　　　　　　　　**226**

　　①호밀밭 파수꾼

　　②채식주의자

　　③싯다르타

　　④엄마가 알을 낳았대

　8) 왜 꽃인가　　　　　　　　　　　　　　　　**233**

3. 나무 불꽃

　1) 왜 나무가 되려 할까　　　　　　　　　　　**237**

　2) 파르메니데스와 노 · 장자　　　　　　　　　**240**

4. 심리적 관찰

　1) 분석심리학과 칼 구스타프 융　　　　　　　**247**

　2) 테이레시아스　　　　　　　　　　　　　　　**249**

3) 버지니아 울프　　　　　　　　　　　　**251**

　　4) 채식주의자　　　　　　　　　　　　　**255**

　　5) 갈등　　　　　　　　　　　　　　　　**258**

5. 독자와 사회 그리고 작가

　　1) 소쉬르와 시니피앙　　　　　　　　　　**262**

　　2) 독자의 몫 작가의 몫　　　　　　　　　**269**

　　3) 비트겐슈타인 - 언어는 체스판의 말이다　**273**

　　　①전성태 저,「소풍」

　　　②양관수 저,「갈목이네 집」

　　　　　「포스트게놈 시리즈 2050」

　　4) 외설인가 예술인가　　　　　　　　　　**284**

Ⅲ. 결론

1. 채식주의자 다시 읽기　　　　　　　　　　**289**

2. 결정된 답 or 상상력　　　　　　　　　　　**293**

　참고 문헌　　　　　　　　　　　　　　　　**295**

I 들어가는 말

한국문학이 노벨문학상 수상에 갈증을 느껴온 지 벌써 오래 됐다. 이러한 때에 한강 소설가의 장편소설 『채식주의자(The Vegetarian)』(이하 '채식주의자'라 한다)가 2016년 영국의 맨부커상(인터내셔널 부문)을 받았다. 그로 인해 장편소설 채식주의자는 커다란 반향을 일으켰다. 한강 소설가는 2018년 『흰』으로 거듭 최종 후보에 올랐으며 2022년에는 정보라 소설가의 『저주토끼』가 금년에는 천명관의 『고래』가 최종 후보에 올랐다. 한국 문단사에 이보다 더 큰 영광은 찾아보기 힘들 것이다. 이는 한국 문단의 축복이며 한국 독자들의 축제라 하겠다.

맨부커상이 2019년부터는 부커상으로 명칭이 달라졌다. 바뀌었다기보다는 2002년 이전 호칭으로 되돌아간 것이다. 맨부커상이라 부르는 건 2002년부터이기 때문이다. 부커상 본상은 영국에서 영어로 창작되는 소설들을 대상으로 삼는다. 부커상 인터내셔널 부문은 영어로 번역돼 영국에서 발간되는 소설들이 대상이다. 장편소설 채식주의자는 국내보다 문화 선진국이라 할 영국에서 더 나아가 유럽 전역에서 좋은 소설로 평가받았다.

1) 독서토론

좋은 소설과 다양한 책들을 즐겨 읽는 필자는 독서토론 프로그램을 오랫동안 진행했다. 기간을 짚어 보자면 20여 년에 이른다. 학생이나 일반인을 모아 산문 쓰기를 이끌어나갔다. 필자가 독서 프로그램을 통해 만난 대상들을 간략하게 소개한다. 유치원생, 초등 저·고학년생, 중학생, 고등학생, 학교밖청소년, 대학생, 주부 중심 일반인, 중등교원 교사, 큰집 가족 들이다.

일반인 참여자는 여성들이 대부분이었다. 성인 남성을 헤아리니 큰집 가족들 숫자를 제외하면 지금 꼽아도 열 손가락 안에 들 정도였다. 남성들도 참여하면 좋을 내용들인데도 말이다. 라포형성을 이루려는 커플이 동참한다면 금상첨화라 하겠다. 이러한 남성 참여자의 극단적인 열세는 모든 강좌에서 나타나는 일반적 현상으로 봐도 무방하다. 강좌 참여 여성들 중 누군가는 남성들이 희귀한 상황을 못내 아쉬워했다. 어떤 여성 회원은 '우리집 남자가 꼭 들어야 하는데'라며 좌중의 웃음을 자아냈다.

2) 에피소드-하나

그러는 과정에서 체험한 에피소드를 소개하려 한다. 큰집에서 프로그램을 진행할 때였다. 한 중년 남자를 만났다. 그는 큰집에서 무척 오랫동안 살았는데 앞으로도 그만큼 더 살아야 한다는 것이었다. 큰집의 생활을 마치면 서울로 간다고 했다. 그는 한 가지 소원이 있었다. 부자로 사는 걸 바라는 게 아니고 단순했다. 그의 바람은 어머니도 아닌 '엄마가 차려준 따뜻한 한 끼 밥상'이었다. 그게 불가능하다는 걸 그 자신이 모르는 게 아니었다. 너무나 잘 알기에 유일한 소원이라 한 것이다.

그리고 덧붙였다. 서울 큰 길거리에 나가 마구잡이로 살인을 저지른 뒤 자살하겠다는 말이었다. 필자는 그의 말을 가로막지 않았다. 그는 말을 하고 싶었던 것이다. 말을 잘하도록 귀 기울여 들어주는 것은 심리 치유의 기본이다. 필자는 그의 말을 끝까지 다 들어주었다.

나중에 필자가 그에게 지금 한 말들을 글로 써보라 권했다. 종이만큼 말을 끝까지 잘 들어주는 대상도 드물다. 필자는 그가 하얀 여백에 여한을 끝없이 풀어내길 바란 것이다.

그가 자신은 학교라곤 가 본 일이 없어 글을 모르는데 어떻게 쓰냐고 했다. 필자가 대답했다. 손 가는 대로 쓰는 거고 그 내용이 좋으면 출판사 편집부에서 다 바로잡아 책으로 펴낸다는 말이었다. 그때서야 그의 눈에서 밝은 빛이 새어 나왔다. 그가 글로 쓰겠다고 다짐했다.

어느 날 그가 프로그램에 나타나지 않았다. 큰집 관리인에게 알아보니 다른 집으로 이사를 했단다. 이후 그를 만나지 못했다. 지금도 그는 어딘가에서 여한을 되씹으며 망상에 시달릴 것이다. 필자가 바라는 건 그의 트라우마가 글쓰기를 통해 치유되길 바랄 뿐이다.

그들에게 읽게 한 책 중에 한강 소설가의 채식주의자도 있었다. 토론할 때 참여자들에게 소감을 발표하게 했다. 모두 한결같이 '야해서 좋다'고 했다.

3) 에피소드-둘

한번은 젊은 엄마가 유치원에 다니는 애 손을 잡고 필자에게 상담을 신청했다. 만나 보니 어처구니없는 말이었다. 엄마가 데리고 온 유치원생 아들에게 글쓰기를 가르치고 싶다는 말이었다. 필자가 애에게 글 잘 쓰고 싶냐 물었다. 아이가 고개를 끄덕였다. 엄마가 아이는 책 읽기를 좋아하는데 글쓰기가 안 된다고 말했다.

필자는 유치원생 한 명에게 글쓰기 지도를 하게 됐다. 개인 교습인 만큼 수강료도 적지 않았다. 그걸 엄마가 스스럼없이 받아들였다. 그때 필자는 엄마의 과열로만 보지 않았다. 아이가 글쓰기를 거부하거나 싫다고 표현한 적이 한 번도 없었으니까. 아이의 욕구가 꽤 높았다.

유치원생을 홀로 앉혀놓고 책을 읽히고 글을 써보게 하니 나름 소질이 보였다. 아이의 재능과 그것을 발견한 엄마의 지혜가 유치원생 글쓰기 개인 교습이라는 욕망으로 진행된 것이라 필자는 이해했다.

 필자가 애에게 처음 글쓰기를 시켜보니 1학년용 공책에 세 줄을 썼다. 애는 필자가 뭔가를 설명하면 잘 이해하고 받아들였다. 애의 글쓰기는 날로 늘었다. 필자도 재미있었다. 그리고 석 달 만에 처음으로 애가 공책 한 쪽을 다 채우는 스토리텔링을 썼다. 또 석 달 뒤엔 공책 두 쪽을 다 채우는 글을 썼다. 개인 교습을 시작한 지 1년쯤 됐을 때 애는 주제와 상관없이 공책 두 쪽을 삐뚤빼뚤한 글씨로 몽땅 휘갈기는데 신이나 있었다. 얼마 후 애와 엄마는 밝게 웃으며 필자를 떠났다.

 필자도 보람을 느꼈다. 그 1년 남짓 동안 필자는 애에게 글쓰기 지도를 하면서 초등 저학년이나 고학년이 읽어야 할 좋은 책들을 많이 소개했다. 애가 그 책들을 다 읽었다. 그중에는 그림책 『닐루화르의 미소』[1]가 있다.

 애 엄마가 자신이 읽어야 할 책을 소개해 달라기에 필자가 『자기 앞의 생』[2]을 포함해 십여 권의 책을 추천했다. 놀랍게도 엄마

---

[1] 아크람 거셈푸르 저, 김영연 역, 『닐루화르의 미소』, 큰나, 2008.
[2] 로맹 가리 저, 용경식 역, 『자기 앞의 생』, 문학동네, 2003.

는 그 책들을 모조리 읽었다. 그중에 채식주의자도 포함됐다. 나중에 필자가 엄마에게 채식주의자를 읽은 소감이 어떠냐고 물으니 '진짜 좋은 책'이라 대답했다.

4) 에피소드-셋

하나 더 사례를 들자면 고등학교에서 겪은 일이다. 지금은 어느 학교인지 기억도 안 나지만 어떤 교감 선생님으로부터 전화를 받았다. 대입 논술 전형을 준비하는 학생들에게 논술을 지도해 달라는 것이었다. 필자는 그 학교로 출강하게 됐다. 한 꼭지가 세 시간짜리였다. 대상은 2학년 학생들인데 남녀공학이었다.

수업은 학교 도서관에서 했다. 교실 한 칸이 강의실이고 다섯 칸 정도의 자료실에 책이 빼곡히 들어차 있었다. 수강생은 15명인데 여학생이 10, 남학생이 5명이었다. 여학생보다 남학생 숫자가 훨씬 적었다. 그걸 돌이켜 생각해 보면 책 읽고 토론하고 글 쓰는 데는 성인들뿐만 아니라 어린 학생들도 남성 호르몬이 여성 호르몬보다 열성인 듯하다. 그 차이는 나이가 들어갈수록 벌어지는 것 같다.

세 시간 강의에 10분씩 휴식이 두 번 끼어 있었다. 고2생들이라 스스로 공부하려는 의지가 강하기에 수업하기는 편했다. In

Seoul 하려는 목적의식이 뚜렷한 학생들이라 필자가 말하는 거는 뭐든지 알아서 잘했다.

여기에서 필자가 한 가지를 언급하련다. 남학생과 여학생들은 동성끼리 자리 잡거나 혼성으로 앉기도 했다. 그런 애들 사이에서 몸 장난은 늘 일어났다. 동성끼리든 이성끼리든 구별 없이 수업 도중에 수시로 벌어졌다.

그중 특이한 것은 여자애들이 남자애들을 자주 때리는 것이다. 여자애가 손바닥을 쫙 펴서 남자애 등짝이나 어깻죽지를 퍽이 아니고 찰싹 소리 나게 강타했다. 필자의 귓전에 찰싹하는 소리만 들려도 소름이 끼치게 아플 것 같았다. 정작 맞은 남자애가 얼마나 아플지 안쓰럽기까지 했다. 세 번까지 연거푸 때리는 경우도 보았다. 남자애가 무슨 잘못을 저질러 그러는 게 아니었다. 두셋이 말장난하다 그냥 팍 퍽 팍 때렸다. 필자 같으면 아파서 눈물을 흘리든지 아니면 진단서를 끊어 고소하든지 했으리라.

더 놀라운 건 손바닥 매를 맞은 남자애들의 한결같은 태도였다. 화를 내는 법이 없었다. 보복이라는 단어조차 모르는 듯했다. 어쩌다가 맞은 애가 때린 애를 바라보며 인상을 찌푸리는 정도가 가장 적극적인 대응이었다. 대부분 맞고도 바위처럼 묵묵하게 버텼다.

필자는 또 느낀다. 남성 호르몬은 열성이라는 걸. 남성우월주의는 인류사의 오류라는 걸. 가부장제는 인류사의 오점이라는 걸. 왜냐하면 남자애를 손바닥으로 때린 여자애들이 그걸 어디서 배웠는지 생각해 봐야 한다. 집이지 어디이겠는가. 여자애들은 엄마가 아빠를 때리는 걸 보고 의식이 아닌 무의식 속에 기억했으리라. 또 바위처럼 견디는 남자애들도 집에서 본 현상들을 무의식에 저장했을 것이다. 맞고도 견디는 아빠의 모습을. 남성 호르몬의 몸가짐을. 그게 아니라면 인간의 DNA에 담긴 모계사회의 무의식적 발현이리라.

그러던 애들이 중간 쉬는 시간이 되면 모두는 아니지만 대부분 사라졌다. 책들이 진열된 높고 기다란 책 진열장 숲으로 스며든 것이다. 필자도 뻣뻣해진 다리를 풀어줄 겸 진열장 새를 걸었다. 문학 코너로 찾아가 채식주의자를 찾아볼 셈이었다. 필자가 진열장 숲으로 들어갔다. 그 속은 전등이 켜지지 않아 어두웠다. 하지만 사물은 파악할 정도였다. 진열된 책들 등에 새겨진 글자를 읽었으니깐.

애들은 진열장 틈새에 앉거나 누워있었다. 그 모습은 강아지들이 한데 어울려 꼬물거리는 모습과 다르지 않았다. 서로 장난하고 끽끽거리고 또 때리는 게 유치원 애들 웅성거리는 거와 흡사했다.

필자는 문학 코너로 다가갔다. 소설책 채식주의자를 찾았으나 보이지 않았다. 채식주의자가 있을 만한 곳을 두세 번 훑어보아도 허사였다. 필자는 그곳을 떠나지 못하고 서성거렸다. 그러다 눈높이에서 다른 책을 발견했다. 밀란 쿤데라의 책들이었다. 『느림』 『농담』 『참을 수 없는 존재의 가벼움』들이 나란히 보였다. 그 책 세 권을 필자가 두 손으로 잡아뺐다. 좋은 책들이라 습관적으로 손이 갔다.

책을 빼낸 틈새로 맞은편 통로가 드러났다. 갑자기 엉뚱한 상황이 보였다. 한 커플이 껴안고 있었다. 남녀 학생인데 키스하다가 필자의 눈에 띈 것이다. 남학생은 바로 몸가짐을 다잡으며 고개를 숙이고 어쩔 줄을 몰랐다. 여학생은 달랐다. 나를 바라보며 밝게 웃었다. 필자도 뜻밖의 상황에 놀랐다. 빙그레 웃으며 빼낸 책들을 제자리에 그대로 꽂았다. 그들이 도로 책에 가려졌다. 필자가 발걸음을 죽이며 그 자리를 떴다.

나중에 필자가 도서관 선생에게 말을 건넸다.

"소설 채식주의자가 안 보여요."

"학생들에게 안 맞다고 쌤들이 입고 반대해요."

"참을 수 없는 존재의 가벼움은 보이던데요?"

선생이 대답하지 않았다. 필자도 더는 말하지 않았다.

책 숲 사이에 숨어 포옹과 키스를 하다 하필이면 필자랑 눈이 마주친 두 학생이 가끔 떠오른다. 남학생과 여학생. 필자는 그 둘의 잘잘못을 되짚으려는 게 아니다. 열성과 우성을 되새겨보려는 것이다. 또 한 가지를 짚고 가자면 부도덕하고 야한 개념이다. 그 담론을 위해 밀란 쿤데라를 끌어들인다.

밀란 쿤데라의 소설들은 도덕적인가? 안 야한가? 채식주의자만 비도덕적이고 야한가? 아니면 서양 문학은 우성이고 한국문학은 열성인가. 참을 수 없는 존재의 가벼움은 우성이고 채식주의자는 열성인가 보다. 아니면 대한민국에는 드러내놓고 말하기 곤란한 어떤 열성이 굳게 자리 잡은 채 버티는가.

학교 선생님들이 키스하던 그 두 학생을 어떻게 바라볼지 궁금하다.

5) 채식주의자

위 사례들 말고도 에피소드가 많으나 본고에 다 적을 수 없어 이하 생략하겠다. 아무튼 필자는 독서토론 프로그램을 진행하는 그룹들에게 채식주의자 읽기를 빠뜨리지 않았다. 그들에게 독후 소감을 물으면 반응들이 단순했다. 긍정적이거나 부정적인 경우보다 침묵이 가장 많았다. 그중 부정적인 경우를 짧게 소개하겠다. 모두 여성들이 한 말이다. 남성들의 경우를 소개하지 못하는 건 책을 즐겨 읽는 남성들을 어쩌다가 보긴 했지만 자주 만나지 못한 탓이다.

　　-지저분해요.
　　-나는 여동생이 없어서 다행이다.
　　-이런 책을 왜 써요?

　위와 다른 긍정적인 경우를 따로 소개하지 않는 건 '좋아요, 다 좋아요, 재밌어요'가 전부라 해도 지나친 말이 아니기 때문이다. 어찌 됐건 필자가 진행하는 독서토론 프로그램에 참여한 구성원들은 2016년도는 말할 것도 없지만 이후에도 채식주의자에 관심이 많았다. 결과는 부정적인 게 대부분이었다. 그리고 이해가 잘 안 된다며 필자에게 질문을 했다. 그 내용을 아래와 같이 요약한다.

　　-몽고반점이 채식주의자에서 무슨 역할을 하는가.
　　-등장인물들의 몸에 꽃은 왜 그리는지.
　　-영혜는 육식을 왜 거부할까.
　　-꿈은 소설 줄거리랑 무슨 관련이 있는지.
　　-탄생과 죽음이 다르지 않은 게 무슨 의미인지.

-왜 처제와 형부가 못된 짓을 하는지.

　　-왜 이처럼 이상한 이야기를 소설로 쓰는지.

　　-작가만의 언어란 무엇인지.

　　-무엇을 쓰는 것과 어떻게 쓰는 것의 다른 점.

　　-외설과 예술의 차이는.

　　-책 안에 실린 소설 세 편을 다 읽어야 해요?

　위 질문들에 필자는 나름대로 잘 대답하려 노력했다. 질의응답과 토론을 위해 채식주의자를 읽고 또 읽었다. 크게 도움이 된 건 채식주의자에서 전개되는 이미지를 이해하는 데 도움을 주는 다른 상징물들이었다. 필자가 채식주의자를 톺아보려 다른 책들을 끌어온 것이다.

6) 객관적상관물과 T. S. 엘리엇

　채식주의자를 중심축으로 삼아 여타의 책을 예로 들어가며 독자들과의 공감대를 만들어 나간 것이다. 이를 두고 필자는 '채식주의자랑 떠나는 독서 여행'이라 이름했다. 독서 여행의 기착점이 되는 책들을 '객관적상관물'로 사용한 것이다.

'객관적상관물'이란 용어는 T. S. 엘리엇[3]이 처음 사용했다. 거기에는 여러 가지 관점들이 나열되지만 한마디로 정리하기 어려울 만큼 복잡하고 난해하다. 여기에서는 필자 나름 개념을 간단히 정리하련다.

'객관적상관물'이란 이질적인 사물들을 동일시하는 문학적 가치로써 예술적 창조라 하겠다. 그러한 관점에서 엘리엇의 시적 기준은 「황무지」를 발표한 지 100년이 지난 지금까지도 최고의 가치로 평가받는다. 엘리엇의 시를 해설한 텍스트를 소개한다.

그리고 그 '지옥'의 삶은 또 얼마나 잘 그려져 있는가. 예를 하나 들어보자.

등을 유리창에 비비는 노란 안개,
주둥이를 창유리에 비비는 노란 안개,
저녁의 구석구석에 혀를 넣고 핥다가
하수도 고인 물웅덩이에서 머뭇대다가
굴뚝에서 떨어지는 검댕을 등으로 받고,
테라스를 빠져나가, 별안간 한 번 살짝 뛰고는

---

3) 토머스 스턴스 엘리엇(T·S Eliot) : 미국계 영국인, 1888년~1965, 「황무지」 등, 1948 노벨문학상 수상.

때가 녹녹한 시월 밤임을 알고
한 번 집 둘레를 돌고, 잠이 들었다.

– 「프루프록의 사랑 노래」에서

지금 그려지고 있는 것은 시월 저녁이다. 장소가 런던이든 보스턴이든, 우리나라의 가을 저녁과는 달리 습기 많고 안개 많은 저녁이다. 우선 그런 저녁을 안개로 대표하는 환유 수사법을 쓰고 있으며 안개는 또 고양이로 대치하는 은유 수사법을 쓰고 있다. 이처럼 두 수사법이 동시에 사용되어 효과를 얻는 경우는 그리 쉽지 않다. 물론 이런 수사법을 동원하여 효과적으로 그리고 있는 것은 무기력한 삶이고 그 무력감에서 벗어나려는 인간의 처절한 모습이다.[4]

엘리엇은 1917년에 첫 시집 『프루프록 및 그 밖의 관찰』을 발간했다. 거기에 실린 시 「프루프록의 사랑 노래」는 1915년에 발표했다. 그 시의 일부를 발췌하여 위 인용문에 넣은 것을 필자가 본 고에 실었다.

---

4) T. S. 엘리엇 저, 황동규 역, 『황무지』, 민음사, 2021, 115쪽.

위에 차용된 시적 이미지는 객관적상관물이 겹쳐있다. 눈에 읽히는 건 안개이고 숨은 이미지는 고양이를 닮았다. 해설자의 관점대로 엘리엇은 무기력한 인간의 삶을 시적 이미지로 그리려 했다. 눈에 보이는 안개와 눈에 보이지 않는 고양이라는 두 개의 객관적상관물을 동일시한 표현인 것이다.

시인은 고양이라 직접적인 설명을 하지 않았다. 안개의 흐느적거리는 모습으로 고양이를 떠올리게 한 것이다. 이러한 다각적인 시적 이미지가 그 당시엔 흔치 않았다. 엘리엇이 처음으로 시도했단다. 100년 남짓 지난 지금도 쉽지 않으리라.

위와 같은 글쓰기로 한강 소설가는 채식주의자에서 어떤 사물을 객관적상관물로 그리려 했다. 그것이 소설이기에 창조적 시점의 객관적상관물을 가져온 것이다. 몽고반점, 꽃, 나무 들을 끌어와 소설 언어로 이미지화했다. 그 상징들을 이해하고 해석하는 건 오롯이 독자의 몫이리라.

그 메타포들을 깊게 읽고 공감하려는 목적으로 필자는 또 다른 은유들을 끌어와 객관적상관물로써 본고에 삽입하려는 것이다. 여기에는 완전히 이질적인 것들과 조금은 닮기도 한 환유들이 뒤섞여 있다. 다시 정리하자면 문학의 객관적상관물은 이질적인 것들을 동일시하는 예술적 창조·창작행위라 하겠다.

필자는 채식주의자 책장을 넘기던 중 드문드문 다른 책들이 떠올랐다. 채식주의자를 위해 객관적상관물들을 고른 것이다. 가장 많이 연상되는 책은 밀란 쿤데라의 작품들이다. 또 헤르만 헤세와 많은 작가의 소설들도 참고로 삼았다.

철학적으로는 무위자연론을 내세운 동양의 도가와 서양의 니힐리즘이다. 불교 철학도 한몫했다. 이러한 사상의 중심에 자리한 선각자들의 저서들을 채식주의자 즐기기의 객관적상관물로 삼는다. 아울러 채식주의자를 비추는 거울이기도 하다.

필자가 텍스트로 정한 채식주의자 책은 2016. 4. 15. 창비에서 출판한 초판 21쇄 발행본이다. 이에 따라 필자는 채식주의자 본문에 한하여 각주를 달지 않고 예문을 본고 지문에 넣어 ( )에 쪽수만 표시하기로 한다.

본고는 이미 필자가 여러 곳에서 강의한 내용들을 정리한 글이다. 참고 문헌의 근거를 밝히다 보니 논문처럼 읽힌다는 걸 참고삼아주길 바란다.

7) 작가가 독자에게 보여주고 싶은 것

본고에서 소개한 참고문헌들이 백 권을 넘는다. 이 자료들을 본고에 개별적으로 다 펼칠 수는 없다. 필자가 본고를 통해 독자들과 나누고 싶거나 꼭 보여주고 싶은 이미지만 올리겠다. 필자의 어떤 편견 때문에 특정 상징만을 고른 게 아니라는 걸 독자들께서 꼭 알아주길 바란다.

채식주의자는 본고에서 다루고자 하는 주된 시니피앙과 시니피에이기에 소설 전문을 다 피력하겠다. 하지만 모든 참고 문헌들은 본고의 시니피앙와 맞닿는 시니피앙들을 골라 열거하는 것이다. 그 협소해 보이는 시니피앙들이 보이는 만큼의 시니피앙이 아니라는 걸 필자는 강조하고 싶다.

예를 든다. 이 또한 객관적상관물이리라. 은행나무 한 그루가 있다. 이파리가 많이 열렸다. 그중 땅에 떨어진 이파리 하나만 보아도 은행나무인 걸 안다. 나무의 건강 여부까지 읽어낸다. 그처럼 단 몇 줄의 시니피앙으로도 한 권의 서적 전체를 다 알아본다는 걸 미리 말씀드린다.

본고의 타이틀이 '독서여행'인 만큼 참고 서적들의 여타 내용들은 독자 여러분께서 틈나는 대로 탐색하면 좋겠다. 이점 미리 양해 부탁드린다.

Ⅱ 본론

소설 채식주의자는 연작소설이다. 「채식주의자」「몽고반점」「나무 불꽃」들로 구성되었다. 각각을 중편소설로 보아도 무방하리라. 관점들도 서로 다르다. 첫 번째 중편 「채식주의자」는 남성 중심적 문체이다. 두 번째 「몽고반점」 문체는 남성성과 여성성이 혼합된 시각으로 이루어졌다. 마지막 세 번째 중편 「나무 불꽃」은 여성의 관점으로만 쓰인 문체로 보아도 무방하다.

또 「채식주의자」는 어떤 사회성을 고발하는 서사라 하겠다. 「몽고반점」은 독자들에게 외설과 예술의 경계를 묻는 이미지이다. 「나무 불꽃」은 앞선 두 편의 중편소설들을 우주적 차원으로 승화시키는 알레고리를 전개했다.

그리고 한 발짝 더 나아간다. 위 중편소설들이거나 장편소설 채식주의자는 부정의 변증법을 미학으로 삼는 데카당스-decadece적 시니피앙들로 채워졌다. 이를 아방가르드-avant-garde나 누보로망-nouveau roman으로 앙티로망-anti roman으로 바라볼 수도 있다. 이러한 개념들을 한마디로 묶는다면 post modernism으로 즉, 해체주의라 하겠다. 이를 전위적이라고도 한다. 이를 뒤에서 더 다루기로 한다.

이렇듯 채식주의자는 엘리엇의 메타포들처럼 다양성을 지닌 중편소설 세 편이 하나의 장편소설로 탈피한 것이다. 작은 로봇들이 뭉쳐서 웅장한 하나의 몸체를 이룬 변신 로봇처럼.

이러한 채식주의자의 변태적 상징 또한 엘리엇의 고양이처럼 뭔가를 숨기고 있다. 그러나 이를 인식하는 독자들이 많지 않다는 것을 본고에 참고로 삼는다. 그 인식이 독자 각각의 몫이다 보니 이해 충돌이 심화되리라 여겨진다.

첫 장 「채식주의자」에서는 왜 채식주의자인지, 육식이 왜 폭력적인지, 그 폭력이 남성성과 어떻게 연결 지어지는지를 남성 중심적 관점으로 보여주었다. 반대로 시니피앙들은 남성 중심의 가부장적 사회를 부정하기도 한다.

두 번째 장 「몽고반점」은 예술과 외설의 경계가 잘 묘사됐다. 외설과 예술의 경계는 참으로 모호하다. 시공간에 따라서 다르게 반응한다. 아니다, 동일한 시공간에서조차도 그 울림이 상이하게 퍼진다. 그 에코를 독자들에게 들려주는 장이다. 그 가치는 독자 각각의 몫이리라.

세 번째 장 「나무 불꽃」은 생명의 태어남과 죽음에 대해 그 한시성과 영원성을 독자에게 제시했다. 여기서는 이기이원론(理氣二元論)이나 이기일원론(理氣一元論)에 근거를 두고 시니피앙들을 음미할 필요가 있다. 더 나아가 동서양의 철학적 관점들이 투사되는 이미지들이 전개된다. 독자로서 책 읽을 입맛이 당기는 분야라 하겠다.

본고는 이러한 시니피앙들을 동력 삼아 채식주의자랑 더불어 독서 여행을 떠난다. 필자는 이 여행에 동참하시는 독자들께 감사와 격려를 보낸다.

1. 채식주의자

1) 안티 코르셋

여기에서 아내는 채식주의자에 나오는 자매 중 동생 영혜다. 화자인 나는 영혜의 남편이다. 그의 진술로 소설은 시작한다.

> '오직 한가지 아내에게 남다른 점이 있다면 브래지어를 좋아하지 않는다는 것이었다.'(11)

도입부에 나오는 문장이다. 영혜는 브래지어 착용을 거부한다. 브래지어는 의류에 속한다. 옷들은 문명의 위대한 산물이다. 인간에게서 떼려야 뗄 수 없는 절대적 문화와 가치를 지녔다. 그중 브래지어가 지닌 기능은 여타 옷들과 달리 독특하다. 여성의 몸을 가리는 기능이 본질이지만 그걸 뛰어넘어 여성들의 자존감을 상징하는 쪽이 훨씬 더 강하다. 문명의 이기 중 하나지만 매우 민감한 특징을 가진 소품이다. 그냥 소박해 보이지만 그렇지 않다. 거대한 소품이다.

그렇기에 영혜가 브래지어를 싫어하는 이미지는 평범하지 않다. 첨예한 문명과 문화를 거부하는 모티프로 볼 수 있다. 이처럼 채식주의자는 영혜가 문명의 이기에서 벗어나고자 하는 모습으로 시작한다.

> 영혜는 화장을 안 했으며(27)
> 구두와 가죽제품들을 다 버렸다(28).

이러한 이미지들은 문명적인 가치들로부터 도피하려는 영혜의 자의식인 것이다. 또 있다.

> 영혜가 빠져나온 이불이 동굴 모양으로 나른하게 부풀어 있었다(89).
> 그녀는 늘 집 안에서 옷을 벗고 지낸다는 얘기였다(91).

한강 소설가는 이러한 작은 상징을 통해 영혜가 문명을 벗어나고 싶어 한다는 걸 독자들에게 보여줬다. 이불 모양이 동굴 같단다. 동굴에서 사는 여자에게 옷이 꼭 필요한지 궁금하다. 동굴 모양과 옷을 벗고 지내는 것은 동일시된다.

여기에서 영혜는 퇴행하는 것이다. 현대의 주택이나 아파트에서 벗어나 원시시대의 동굴로 회귀하려는 상징들이다. 아예 옷도 입지 않는다. 퇴행은 초자아 영역에서 역행하여 무의식의 어떤 한 지점으로 되돌아가는 것을 말한다.

> 현재의 의식에서 과거의 무의식으로 거슬러 가는 것을 퇴행이
> 라 한다.[1]

영혜의 브래지어 거부는 근래 회자 되는 '안티 코르셋 운동'의 선구적 이미지이다. 여성의 몸을 아름답게 치장해 주는 코르셋은 남성 중심 문화의 산물이라 하겠다. 권력과 재력을 독점해버린 남성에게 예쁘게 보여 신분 상승을 꿈꾸는 여성의 심리를 대변하는 환유적 사물로 볼 수도 있다. 이와 같은 맥락으로 신데렐라 신드롬이라는 말도 되새겨 본다. 평범한 여성이 외모로써 하룻밤 새에 신분이 급상승하는 현상을 말한 것이다. 신데렐라의 유리구두와 팥쥐의 꽃신이 그걸 말해준다.

코르셋은 여성의 몸을 꽉 죄어 숨이 막히게 하는 의상이다. 입고 싶지 않아도 어쩔 수 없이 입어야 하는 겉치레다. 나만 안 입으면 안 되기에 마지못해 입는 옷이다. 그렇기에 안 입으면 자존심이 상한다. 채식주의자 영혜는 다르다. 입으면 불편하고 자존

---

[1] 김석 저, 『프로이트의 꿈의 해석』, 살림, 2020. 33쪽.

심이 상하는 것 같다. 그와 맥을 같이하는 명제가 있다. 나나 게오르게가 쓴 장편소설에서 발췌했다.

> 게다가 많은 사람이 특히 여자들이 사랑받으려면 완벽한 몸을 갖추어야 한다고 생각하는 건 완전한 착각일 겁니다. ~ 그들이 열정적으로 사랑하기만 한다면, 할렐루야, 세상은 무척 아름답겠죠. 뱃살을 조이는 팬티스타킹으로부터 해방되고.[2]

게오르게는 『종이약국』에서 여성을 란제리로부터 해방시키자 했다. 란제리나 코르셋이나 여성의 몸을 조여 아름답게 보이려는 속옷들이다. 코르셋은 남성 중심 사회의 여성에 대한 잔혹사로 한 시대를 풍미했다. 그 잔재가 21세기에도 란제리라는 명분으로 젠더 문화를 지배한다. 현대인은 반드시 적응해야 하는 사회적 패러다임이다. 이걸 초자아적 현상이라 하겠다. 여기에 휩쓸리지 않으면 선자나 바보가 된다.

영혜의 브래지어 거부는 안티 코르셋 캠페인의 한 모습이며 시작인 것이다. 가죽옷이며 가죽 신발들을 버린 것도 그 캠페인을 상징하는 은유가 맞다. 그로 인해 채식주의자의 영혜는 안티 코

---

[2] 나나 게오르게 저, 김인순 역, 『종이약국』, 박하, 2015, 305쪽.

르셋의 기수인 것이다.

그것은 초자아에서 아득한 무의식으로 되돌아가는 것이다. 얼마나 까마득한 시점으로 되돌아가는지를 짚어본다. 대략 2~30만 년 전이 될 것이다. 어쩌면 수백만 년 전이 될 수도 있겠다.

굴에서 나체로 산다는 건 무의식중에서도 끝없이 깊은 곳으로 가는 것이다. 인간 DNA에 각인된 무의식일 가능성도 있다. 채식주의자 영혜가 바로 그 캐릭터다. 이처럼 여성들이 코르셋이나 란제리를 거부하는 것은 페미니즘의 한 부분이라 하겠다.

2) 페미니즘

①모계사회와 부계사회

영혜가 아버지와 남편에게 순종하지 않았다. 가부장의 상징인 육식을 거부했다. 남편 회사 사장과 간부들 앞에서도 굴복하지 않았다. 그들은 모두 영혜를 지배하려 하고 억압했다. 그 지배적 이미지들은 초자아에 해당한다. 영혜는 어떤 초자아와 충돌에서도 굴복하지 않았다. 무의식의 작용이다.

여기에서 영혜가 드러내는 저항적 상징성은 어떤 대결을 의도하는 게 아니다. DNA에 새겨진 까마득한 삶의 흔적을 되짚어가려는 것이다. 그 목적지가 여성 평등을 의미하는 페미니즘이라 여긴다면 계산 착오다. 필자는 단언한다. 페미니즘은 경유지다. 목적지는 모계사회다. 자연 만물의 본성인 모계사회인 것이다.

자연을 두고 무위론을 펼친 도가의 한마디를 음미해 본다. 노자[3]의 『도덕경』[4] 6장을 소개한다.

谷神不死 是謂玄牝 (곡신불사 시위현빈)
玄牝之門 是謂天地根 (현빈지문 시위천지근)
綿綿若存 用之不勤 (면면약존 용지불근)

계곡의 신은 죽지 않는다. 이를 일러 현빈이라 하는데, 현빈의 문, 이를 일러 천지의 뿌리라 한다. 면면이 이어져 존재하는 것도 같으며, 그것을 사용한다 할지라도 힘들지가 않다.[5]

『도덕경』에서 인용한 위 명제는 누구나 다 알지만 본고에서도 한번 탐색하고자 한다. 여기에서 노자는 자연성을 속 검은, 즉 알 수 없는 섭리를 검을 玄으로. 영원히 낳고 낳는, 자연의 순환을 암컷 牝으로 해서 玄牝으로 묘사했다. 여기에서 검다는 의미는 부정적인 게 아니다. 우주 섭리는 누구도 그 깊은 속을 모른

---

3) 춘추시대의 사상가. 장자와 더불어 도가의 선구자.
4) 춘추 말 노자가 언급, 한나라 초에 편찬된 도가서. 무위자연를 담았다.
5) 이병희 저, 『도덕경』, 도서출판 답게, 2014. 175쪽.

다. 그런 의미로 검다고 했을 것이다. 그래서 玄牝이다. 우주의 본질이 검다는 걸 노자는 감각적으로 깨달아버린 것이다.

　노자가 말한 것처럼 우주의 본질은 모성이다. 이를 다르게 말하면 모계이다. 낳고 기르는 것을 뭉뚱그려 말하자면 바로 모계사회로 확장되는 것이다. 인류의 역사는 몽땅 모계사회였다. 부계사회는 지금으로부터 불과 만 년 전 즈음에 시작했다. 그나마 작금에는 그조차도 허물어져 이젠 남녀 평등사회가 되어간다. 자연으로 회귀하려는 여성들이 몸부림친 결과이다.

　필자는 여기에서 한 걸음 더 나아가 페미니즘이 완성되면 완벽한 남녀평등 시대가 될지 의문을 품는다. 아니다, 그렇지 않다고 단언한다. 왜냐하면 모계사회로 진입할 것이기 때문이다. 미래 언젠가 인류는 여타 동물을 포함한 생명체들처럼 모계에 의존할 것이다. 만 년 전 즈음 그 이전에 살았던 것처럼. 부계사회라고 하는 지금의 인류도 실제적으로는 모계에 의존하는데 경제적 그늘에 눌려 안 그런척할 뿐이다.

　경제적 그늘이 채식주의자에서도 강하게 드러난다. 영혜는 남편 경제력에 생활을 의지한다. 영혜네는 부계사회 기능이 강하다. 나중에는 영혜가 이혼당했다. 언니 인혜는 자신의 경제적 힘으로 가정을 꾸려간다. 인혜네는 모계사회의 기능이 강하다. 남편 즉 영혜의 형부가 이혼당했다.

  거의 모든 여성이 남편 경제력에 삶을 의지하던 시절에는 아내가 남편이 첩을 두어도 어쩌지 못했다. 지금은 180도로 다르다. 아내가 바람을 피워도 남편이 이혼을 원하지 못한다. 반대로 남편이 바람피운 걸 아는 아내는 가차 없이 이혼을 요구한다. 모두 재산분할청구권 때문이다. 결국 모계인가 부계인가는 경제력이 결정한다.

  21세기에 들어 여성들의 경제력이 늘고 이에 따라 사회적 진출이 확장되면서 남녀평등 주장이 높아진 것이다. 그러나 여기에서 그치지 않는다. 페미니즘은 모계사회로 되돌아가는 과정일 뿐이다. '아득한 미래'를 찾아가는 것이다. 라다크의 이야기『오래된 미래』를 소개한다.

    두 살 연하의 앙축과 결혼했을 당시 돌마의 나이는 스물다섯이었다. ~ 돌마의 결혼은 다른 라다크 사람의 경우처럼 일처다부제의 결혼이다. 그녀는 앙축의 동생인 앙두스와도 결혼했다. ~ 한 여자가 세 남자 형제 모두와 결혼하는 경우도 있다고 들었지만 드문 일이다. 앙축은 형제 가운데 맏이여서 집안의 가장이 되고 남편 중에서도 제일 위지만 ~ 돌마는 남편들을 동등하게 대한다. ~ 특별히 한 남편을 더 좋아하는 것처럼 보이지 않는다. ~ 돌마를 가운데 두고 세 사람이 같이 잠자리에 든 적도 있다고 했다. ~ 부정을 저지른 여자의 남편이라도 아내의 부정 때문에 소란을 피우는 것은 좋지 않은 것이라 이야기했다. ~ 가장 선호된다고 볼 수 있는 결혼제도는 일처다부제지만 ~ 일부다처제와 일부일처제 역시 존재한다는 것이다. ~ 일처다부제는 1942년 이후 불법이 되었다. ~ 이후 훨씬 줄어들었다. ~ 그 옆집에는 노르부와 동생 체왕이 팔모라는 이름의 한 아내와 살고 있다. ~ 돌마의 아이들은 앙축과 앙두스를 압바abba 혹은 아버지라 부른다.[6]

여기에서 눈여겨볼 단어가 있다. 압바abba이다. 우리가 말하는 아빠와 같다. 티벳의 생활상과 우리의 생활상이 서로 닮은 게 많다는 말이 타당한 듯하다. 압바=아빠.

② 여성들의 잔혹사

채식주의자 영혜도 페미니즘적이다. 단순한 반항보다는 무의식으로 회귀 때문에 초자아에 저항했다. 영혜의 무의식은 초자아로부터 뺨 맞고 이혼당하고 정신병원에 갇히고 결국 죽음에

---

[6] 헬레나 노르베르 호지 저, 양희승 역, 『오래된 미래』, 중앙books, 2018, 127~141쪽.

이른다. 요즘 페미니즘에 대한 사회적 시선이랑 크게 다르지 않다. 그런데 페미니즘이 너무 극렬하다며 비난받는다. 남성들이야 그렇지만 일부 여성들조차 페미니즘이 잘못돼 간다며 남성들이 하는 비난에 편승한다.

필자가 페미니즘을 비난하는 세력에게 질문을 던진다. 기원전 8천 년부터 지금까지 대략 일만 년의 세월이 흘렀다. 이름하여 부계사회다. 그 일만 년 동안 남성들이 여성들을 지배하기 위해 벌인 잔혹한 행위들은 어떠한지 말이다. 이루 말로 다 못 하리라.

얼른 떠오른 게 중세기 마녀사냥이다. 주로 여성들이 대상이었다. 누군가에게 마녀로 찍힌 여자들은 산 채로 물에 집어넣었다. 그런데 안 죽으면 물에서 끄집어내 다시 산 채로 십자가에 매달아 불태워 죽였다. 그것도 여호와, 예수의 이름으로 말이다.

또 무슬림 사회에서 여성에 대한 가족들의 명예 살인은 어떠한가. 아버지가 허락하지 않은 남성이랑 데이트한 딸은 아버지와 남자 동기간들에 의해 명예로운 처형을 당했다. 목 아래로는 땅에 묻히고 땅 위로 나온 목 윗부분은 돌멩이로 죽을 때까지 쳤다. 그 명예 살인을 무슬림 사회에서 법으로 금지했으나 21세기인 지금까지도 암암리에 자행되는 중이다. 여자이기에 죽으라는 형벌이 남자라는 권위로 집행됐다. 그것도 알라와 마호메트의 이름으로 말이다.

아들 선호사상에 부응하려 했으나 아들을 낳지 못해 수모당하고 추방당한 여자가 역사에 기록된 것만 해도 어디 한둘이겠는가. 대리모도 있다. 또 허울 좋은 일부일처제 등 여성에게 남성이라는 이름으로 해치운 젠더적 폭력은 그 하나하나를 셀 수조차 없다.

그런데 이제 겨우 시작하는 페미니즘이 잘못됐단다. 또 일부는 페미니즘 그 자체로 좋은데 행동 방식이 잘못됐다고 말을 둘러댄다. 그렇다, 폭력적이기보다는 비폭력적인 것이 바람직하다. 필자도 공감한다. 하지만 21세기를 지향하는 지금도 곳곳에 여성 혐오증이 난무한다. 사회에서 젠더적 사고가 터지면 피해자는 늘 여성 쪽이다.

본고를 준비할 때 발생한 두 사건을 소개하겠다. 여름 초입에 공군 여하사관이 젠더 폭력으로 인해 좌절한 뒤 자살했다. 그런데 그 여름이 시들기도 전 이번에 해군 여하사관이 똑같은 젠더 폭력으로 절망한 뒤 자살한 것이다. 포털사이트에서 검색하면 뉴스로 다 뜬다. 이 두 사건은 똑같은 경우다.

이러한 때 페미니즘을 비판하거나 비난하는 세력들이 답답하기만 하다. 그들은 여성들이 당한 잔혹사에 대해 어떻게 생각하는지 궁금하다. 요즈음 들어 여권 평등이 제법 좋아졌다는데도 이 꼴이니 앞으로 여성들은 어떻게 처신해야 할지 묻고 싶다.

우리 사회는, 남성들은 선대의 죗값을 대신 치러야 한다. 그 대가는 인내다. 인내가 곧 사랑이다. 남성들은 여성들에게 끝없이 고개 숙여야 한다. 페미니즘의 가치를 위해 여성들의 말에 귀 기울이고 공감하는 데 끝없이 노력해야 한다. 더는 페미니즘에 손가락질해서는 안 되는 것이다.

어쩌다 여성들이 거칠다면 그것 또한 남성들이 합리적으로 해결해야 할 몫이다. 사랑과 인내로 말이다. 그 진정성이 통하면 여성들도 남성들의 인내를 받아들일 것이다. 그때서야 비로소 진정한 젠더적 화해가 이루어질 것이며 페미니즘이 완성되리라.

더 나아가 여성들이 모계사회를 주장하더라도 남성들은 동참해야 할 것이다. 그게 인류 본성이기 때문이다. 또 모계사회가 남성들에게 불리할 거라는 근거는 하나도 없다. 부계사회보다 더 행복하리라는 걸 필자가 약속하겠다. 모두 다부다처가 더 좋지 않을까, 라는 희망을 가져야 한다.

③어떤 남자가 살아남나?

필자가 청소년들과 독서치유 집단상담을 할 때였다. 필자가 청소년들에게 물었다.

- 여러분은 엄마가 더 무서워, 아빠가 더 무서워?
- 엄마가요!

- 왜?
- 아빠는요, 엄마가 시키면 다 해요.
- 엄마는 아빠가 뭐 시키면 하나도 안 해요.

애들 응답은 한결같았다. 애들이 안 보는 척해도 집안 돌아가는 것을 다 안다는 의미로 필자는 이해했다. 필자가 재밌다는 듯 웃었다. 애들도 덩달아 웃었다. 애들은 집에서의 그런 현상을 재밌어했다.

이렇듯 여성들의 인권은 좋아지는 중이다. 그렇다면 상대적으로 남성들은 나빠진 것일까. 그렇지 않다. 그동안 남성들이 남녀균등의 가치를 독점하다시피 한 것이다. 그 독점의 해체가 불편할 따름이다. 집에서 아내를 존중하는 남성이 바보이기보다는 훌륭한 것이다.

이제 남성들에게 기운 남녀평등의 기준을 여성들에게 돌려줄 때인 것이다. 남성들은 여성들에게 많이, 끝없이 내어주어야 한다. 그게 진정한 사랑이다. 그 사랑을 언급한 명제를 소개한다. '까마득한 미래'라는 말이 어울리는 상징이다.

여자, 이 살아 있는 신화의 보따리를 풀고자 한다면 그들을 더욱 사랑하는 길밖에 없다. 이 땅의 천국과 지옥은 그들의 손

안에 있기 때문이다.[7]

윗글은 기원전 8천 년 수메르의 점토판에서 발견한 길가메시 신화[8]의 일부다. 그즈음은 신석기 시대가 시작되는 시점이었다. 그 이전에는 대부분 모계사회였다. 말하자면 다부다처제 혹은 일처다부제인 것이다. 촌장도 제사장도 다 여자였다. 재산 상속도 딸에게 이루어졌다.

수메르 도시국가 이후 남성들이 부를 축적하면서 상속을 아들에게 하고자 했다. 권력을 쥔 남성들이 아들을 확보하기 위해 부와 힘으로 모계사회에 길들여진 여성들을 억압했다. 다부다처제를 일부다처제로 바꾸기 시작했다. 확실한 자신의 아들이 많을수록 좋은 것이 사회적 가치로 자리 잡기 시작한 때였다. 이름하여 남아선호 사상의 시작이었다.

그때에도 남성들은 자신들이 속박한 여성들에게 어떻게 해야 할지 고민이 많은 듯하다. 그 난제를 해결하려다가 찾은 답이 사랑이다. 수메르 남성들은 '여자를 사랑하는 방법 말고는 없다'고 점토판에 남긴 것이다. 그 글을 읽은 아들과 손자들이 잘 지키길 바랐을 것이다.

---

7) 김산해 저, 『최초의 신화 길가메시 서사시』, 휴머니스트, 2007, 350쪽.
8) 고대 바빌로니아 서사시에 나오는 인물, 역사적 실존 인물로 확인됨.

필자는 가끔 미래의 남녀 관계를 생각했다. 지금까지는 여성이 임신하는 데 반드시 정자가 있어야 한다. 그러나 대략 2100년쯤이리라. 빠르면 그 이전일 수도 있다. 여성이 임신하는 데 정자가 필요 없는 시대가 펼쳐지는 것이다. 한 여성이 자신의 세포에서 핵을 추출해 정자를 만들고 자신의 난자와 결합해 잉태하는 것이다. 그러면 자신의 도플갱어가 탄생한다.

필자가 청소년들에게 여기까지 얘기해 주고 질문을 했다. 그 시절에는 어떤 남성이 여성들과 함께 살아갈 수 있을지 물었다. 똑똑한 남자요, 건강한 남자요, 잘생긴 남자요, 등 많은 답이 나왔다. 하지만 필자가 바라는 정답은 없었다. 분위기가 가라앉은 뒤 필자가 정답을 말했다.

"애완남. 여자가 애완남만 옆에 둬."

그 말을 들은 여자애들이 손뼉을 치며 좋아했다. 남자애들은 웃는 둥 마는 둥 하며 몸을 움츠렸다. 이 에피소드처럼 남성은 자력으로 임신과 출산을 못 한다. 여성은 자력으로 가능하다. 남성성은 유한하고 여성성은 영원한 것이다. 노자의 '곡신불사'처럼 말이다. 남성도 '인공 자궁'을 이용해 자신의 도플갱어를 탄생시킬 수 있다. 그것도 인공적 모성을 빌린다는 책임을 피하진 못할 것이다.

그래서 필자는 여성을 반인반신이라 여긴다. 남성은 그냥 인간이다. 그동안 반인반신인 여성을 인간인 남성이 잘못 대한 것이다. 대략 만 년의 세월 동안 남자들 발밑에 놓고 짓밟았다 해도 과언이 아닐 것이다. 땅에 짓밟힌 반신반인의 회복 운동이 페미니즘이다. 참고 삼아 말하자면 현존하는 지구상의 생명체 중 가장 진화한 종이 인간 여성이다. 인간 남성은 그 다음이라는 걸 알아야 한다.

이쯤에서 길가메시 신화 몇 구절 더 소개하겠다. 포도주의 여신 씨두리(라)의 한마디다.

> 길가메시 여, ~ 당신의 손을 잡은 아이들을 돌보고, 당신 부인을 데리고 가서 당신에게서 즐거움을 찾도록 해주세요. 이것이 인간이 즐길 운명인 거예요.[9]

위 길가메시가 살던 곳이 대략 만 년 전쯤의 도시국가 수메르였다. 그 수메르의 점토판 기록에서 발견된 서사시를 수메르 신화라고 한다. 이를 일반적으로 길가메시 신화라 부른다. 여기에서 포도주의 여신 씨두리(라)가 길가메시에게 한 말이다.

만 년 전에 한 말이라 여겨지지 않는다. 그 시절에도 남자는 아이와 아내를 잘 돌보는 것이 운명이라 했다. 그즈음이 도시국

---

9) 김산해 저, 앞의 책, 272, 347쪽.

가가 시작하는 때이고 신석기 시대의 서막이었다. 남아 선호 사상이 싹트면서 남녀 차별이 시작되는 시기로 보아야 한다.

남자가 아내와 아이들을 사랑하는 것은 특별한 것이 아니다. 동서고금을 막론하고 진리인 것이다. 앞에 소개한 두 번의 길가메시 신화의 명제들은 '까마득한 과거이며 또 미래'가 맞다.

④ 1/4(25%)과 3/4(75%)의 행복

씨두리(라)의 말처럼 아이와 아내를 잘 챙긴다면 그들은 전체 인구에서 얼마나 비중을 차지할지 생각해 보아야 한다. 우선 남녀로 구분하면 반반이다. 성인과 미성년으로 나눠도 반반이다. 그 두 이미지를 합치면 여성과 미성년이 3/4이다. 그러면 남는 건 1/4인 어른 남성들이다. 씨두리(라)의 말은 25%가 75%의 행복을 잘 지켜주라는 말이다.

그 말대로 이루어진다면 나머지 1/4(25%)은 행복할까, 억울할까를 생각해 보아야 한다. 자식과 아내로 인해 고생을 많이 하는 사내들이 있다. 그로 인해 자식과 아내가 행복한데 자신이 불행한 남성은 없을 것이다. 혹시 있다면 술주정뱅이일 것이다. 술주정뱅이는 가족 행복보다 술 처먹는 것을 더 좋아하기 때문이다. 만 년 전 길가메시 신화가 주는 메시지이다.

⑤초현실과 페미니즘

이처럼 신화와 연결하다 보니 페미니즘은 권리 추구라기보다 당연한 삶의 회복이라고 하는게 더 나을 듯싶다. 좋은 동화와 소설의 절대다수가 페미니즘을 지향한다. 이러한 현상이 우연의 일치는 아닐 것이다. 한강 소설가의 채식주의자도 페미니즘 소설이다. 또 얼른 생각나는 페미니즘 책들이 있다.

『살로메』『테스』『제인 에어』『채털리 부인의 연인』『종이 약국』 『목로주점』『나나』『보봐리 부인』『그레이트 개츠비』『인어공주』 등이다. 페미니즘 문학 작품들은 본고에 다 언급할 수 없을 만큼 많다. 개략적으로 위 작품들을 소개하는 것이다.

『살로메』는 오스카 와일드가 쓴 소설이다. 살로메는 갈릴리 왕 헤롯 안티파스의 의붓딸이다. 그 시대에는 여성이 스스로 남성에게 먼저 사랑을 고백하는 건 불가능한 일이다. 그런데도 살로메는 먼저 사랑한다고 요한에게 고백했다. 거절당하자 보복으로 요한의 목을 계부인 왕에게 청원했다. 세례 요한은 참수당했다.

젊은 공주 살로메를 중심으로 계부와 갈등, 요한과 갈등 등 여성으로서 순종보다는 여성의 시대적 저항을 불러일으키는 페미니즘 문학이다. 대략 2000년 전 즈음 쓰인 성경 이야기를 오스카 와일드가 상징적으로 소설화 한 것이다. 성경을 패러디한 소설이라 하겠다.

『테스』는 토마스 하디가 썼다. 테스는 농노의 딸인데 지주 아들에게 농락당했다. 테스는 그를 혐오했다. 이후 테스는 사랑하는 목사 아들과 결혼했다. 첫날밤 신랑의 유도 심문에 말려든 테스가 지주 아들과의 일을 고백했다. 신랑은 날이 밝자 테스를 버리고 멀리 떠났다. 이후 테스의 삶은 고달팠다. 궁핍을 견디기 힘든 테스는 시집인 교회를 찾아갔다. 그러나 안으로 들어가지 못하고 교회 앞에서 걸음을 돌렸다. 지주 아들이 테스를 찾아와 지난 잘못을 참회하고 사랑을 고백했다. 테스는 그를 거부했다. 테스의 술주정뱅이 아버지가 죽은 뒤 테스와 가족은 집에서 쫓겨나 걸인으로 전락했다. 테스는 굶어 죽지 않으려 지주 아들에게 자신과 가족을 의탁했다. 사랑의 결합은 아니지만 테스의 생활은 풍요로웠다. 가족들까지 잘 먹고 잘 살았다.

  갑자기 멀리 떠난 남편이 테스 앞에 나타났다. 남편이 테스에게 사랑한다고 용서하라며 자신에게 돌아오라 했다. 둘이서 만난 사실을 알고 지주 아들이 테스에게 폭력을 휘둘렀다. 그때 테스가 식탁 위 과도로 지주 아들을 살해했다. 테스는 남편과 함께 도주의 길을 나섰다. 나중에 경찰에 체포된 테스는 살인죄로 사형을 당했다. 테스도 물질적 풍요보다는 스스로 목숨을 걸고 사랑을 선택한 것이다.

 그 시절 귀족 남성들은 농노 집안 여성들을 맘껏 농락하고 버리는 게 능사였다. 그 때문에 유럽은 사생아들이 많았단다. 그에 대한 상징으로 토마스 하디는 장편소설『테스』를 썼다. 21C 유럽 남성들은 선대를 대신해 속죄해야 하리라.

『제인 에어』는 샬롯 브론테가 썼다. 제인 에어는 가난한 목사의 딸이다. 그 부모가 전염병 환자들을 치료하다가 병에 걸려 죽는다. 고아가 된 제인 에어는 고모님께 의탁했다. 그때부터 불행의 시작이며 괴로운 삶이 이어졌다. 나중엔 늙은 로체스터 백작네 가정교사로 일하며 연명하는데 쉽지 않았다. 나중에 백작이 제인 에어에게 사랑을 고백한다. 제인 에어가 백작네 집에서 뛰쳐나온다. 방랑하던 중 사촌인 젊은 목사를 만났다. 그가 제인 에어에게 인도로 선교하러 가자며 청혼했다. 선교 잘하는 동반자로 지목한 것이다. 제인 에어는 사랑으로 받아들이지 않았다.

 제인 에어는 목사의 청혼을 거절했다. 반대로 늙고 몰락하다 못해 장님까지 된 로체스터 백작에게 돌아가기로 했다. 그 늙은 백작이 제인 에어를 가정교사 출신이 아닌 자신과 평등한 귀족으로 여긴다며 청혼했기 때문이다. 제인 에어가 로체스터 백작과 결혼했다. 스스로 사랑을 선택한 것이다.

이 소설은 남녀의 사명보다 사랑의 실체를 강조한 페미니즘 소설이다.

『채털리 부인의 연인』은 우리나라에 『채털리 부인의 사랑』으로 잘 알려져 있다. 영문판 제목으로 『Lady Chatterley's Lover』라 되었다. ~사랑보다는 ~연인이 더 좋을 듯하다.

젊은 부인은 미녀이며 귀족의 아내다. 부족하거나 불편한 것이 없다. 남편이 1차 세계대전에 참전했다가 하반신불수가 된다. 남편은 불구를 극복하려 노력하고 부인은 옆에서 돕는다. 어느 날 부인이 영지를 산책하다 농막에서 사는 젊은 하인을 만난다. 비로소 관능을 자각한 부인은 하인과 사랑에 빠진다.

이를 눈치챈 남편이 하인을 쫓아낸다. 부인이 임신한 아이를 자신의 상속자로 삼겠다고 다짐한다. 부인은 남편에게 이혼을 선언하고 하인을 찾아 집을 떠난다. 어느 탄광 회사 앞에서 부인은 하인을 만나 청혼한다. 둘은 함께 부인의 고향으로 향한다.

이 소설에서도 채털리 부인은 스스로 사랑을 결정하고 떠나기도 했다. 그 시대에는 남자에 의해서, 높은 신분에 의해서 휘말리던 여자의 정체성을 부정한 소설이다. 채털리 부인은 권위와 권력의 지배를 거부하고 자신의 사랑과 미래를 스스로 결정했다. 진정한 페미니즘인 것이다. 이 소설은 뒤쪽에서 좀 더 다루기로 한다.

『종이 약국』은 위 페미니즘 소설들보다 최근인 2013년에 발표되었다. 필자가 참고로 삼은 우리말 번역 책은 2015년 11월 26일 초판이다. 이 정도면 최신작이라 할 수 있다. 그래서일까. 소설의 양상이 다르다. 아니면 버전이 다르다 할까. 아무튼 Aura가 강렬하게 느껴지는 소설이다.

남부 프랑스 프로방스 출신 마농은 파리로 나섰다. 고향에는 약혼자 후크가 있었다. 그런 마농은 파리에서 사랑에 빠졌다. 샹젤리제 선착장에 정박한 화물선 룰루를 개조해 만든 중고책방 '종이 약국' 주인 페르뒤였다. 둘은 5년 동안 사귀었다.

갑자기 마농이 장을 떠나 고향 후크에게 돌아가 결혼했다. 마농이 후크 옆에 머물며 파리의 장에게 편지를 보냈다. 장은 마농을 증오했다. 그 편지들을 처박아 놓고 읽지 않았다.

21년이 지난 뒤에 그 편지들을 장이 개봉했다. 마농이 임신한 상태에서 암에 걸려 죽게 됐으니 방문해 달라는 내용이었다. 그 아이가 누구 아이일지 장은 헷갈렸다. 장은 마농이 21년 전에 사경을 헤매며 쓴 편지라는 걸 비로소 알았다. 장은 탄식하며 자책했다. 지금은 없을 마농을 찾아 프로방스로 떠났다. 종이 약국은 지인에게 넘겼다.

마농은 임신했을 때 암에 걸린 걸 알았다. 아이를 살리기 위해 죽음을 선택했다. 만일 아이를 포기했다면 자신이 살았을 것이다. 그 아이가 장을 맞이한 빅토리아다. 21년 전의 마농을 닮은 20살 아가씨였다.

마농은 남편 옆으로 연인을 불렀다. 그로부터 21년이 지난 뒤 한 여자의 남편과 연인은 마농이 숨을 거둔 집에서 만났다. 장이 보기에 후크는 멋진 남자였다. 두 남자의 첫 만남이었다. 그녀의 편지로 인해 이루어졌다. 장은 마농의 무덤을 찾아가 와인 '마농'을 뿌렸다.

소설에서 마농은 사랑을 결혼과 섹스로 분리했다. 타의가 아닌 자의적 선택이었다. 숨을 거두기 전 두 남자를 한 지붕 밑에 머물게 하려 했다. 일처다부제인 것이다. 일부일처제나 가부장제에 반하는 모티프다. 인류사에서 1만 년 이전의 삶으로 회귀하려는 관능적 무의식을 드러내는 이미지다.

마농은 딸을 낳았다. 곡신불사를 떠올리는 소설적 장치다. 딸에게서 딸로 계승하는 것이다. 모계사회를 상징했다. 그 과정에서 마농은 남성과 대립하고 갈등하지 않았다. 남성들이 이해하고 사랑을 베푸는 삶의 모습을 보여주었다. 모계사회의 패러다임이라 하겠다. 소설에서 마농의 삶은 페미니즘을 지향했다.

한 여자가 한 지붕 밑에서 두 남자랑 사는 소설은 에밀 졸라가 쓴 『목로주점』이 두드러진다. 절름발이 여성 제르베즈의 삶은 지난하다. 열네 살 때 첫 출산을 했다. 결혼식을 올리지 않은 남편 랑티에가 어린아이 둘을 남기고 제르베즈를 떠나버린다.

제르베즈는 쿠포와 재혼한다. 둘 사이에 딸 '나나'가 태어난다. 부부는 '고급세탁소'라는 간판을 단 점포를 운영한다. 그럭저럭 살만하다. 뜬금없이 현 남편이 전남편을 데리고 온다. 그녀는 두 남편이랑 함께 살게 된다. 그럴 수밖에 없는 상황이야 어쨌든 일처다부 형식이기에 패미니즘적 캐릭터라 하겠다.

> 제르베즈는 쉴 새 없이 돈을 벌고 있었다. 그러나 지금에 와서는 빈둥거리는 두 사내를 먹여 살려야 했으며, 가게(세탁소)에서 버는 것만으로는 충분할 리가 없다.[10]

고생만 하던 그녀가 병에 걸려 죽은 뒤 딸 나나를 고모가 맡아 키운다. 나중에 에밀 졸라가 쓴 장편소설 『나나』의 주인공이 바로 그 나나다. 창녀인데 파리의 귀족들을 우롱하기도 파멸시키기도 한다. 그녀도 한 청년에 대한 순정 때문에 몰락한다. 순

---

10) 에밀 졸라 저, 이희영 역, 『목로주점』, 동서문화사, 2020, 266쪽.

정이나 청순함은 삶에 해로운가 보다.

구스타브 플로베르가 쓴 『보봐리 부인』도 있다. 시골 의사 보봐리의 아내 엠마는 시골의 삶에 흥미가 없다. 결혼 후에 멜랑꼴리 증세가 심해진 것이다. 남편에게 늘 실망하고 외동딸을 보아도 즐겁지 않았다.

엠마는 파리로 나가 행복하게 살고픈 욕망에 사로잡힌다. 바람둥이 로돌프와 정분을 나누며 쾌락에 얽매인다. 로돌프는 엠마가 농락의 대상이다. 엠마는 영끌 사랑을 한다. 그녀가 둘이서 파리로 도망가 살자 한다. 그는 혼자 떠나버린다. 절망한 그녀는 다시 멜랑꼴리가 된다.

머지않아 그녀가 3년 만에 재회한 총각 레옹과 연인이 된다. 로돌프와 달리 레옹은 그녀에게 진실한 애정을 보여준다. 그녀는 또다시 영끌 사랑에 몰입한다. 집착하는 것이다. 이에 질려가던 레옹도 그녀에게서 점점 멀어진다.

그 와중에 그녀는 고리대금업자 뢰뢰의 덫에 걸려든다. 그녀는 갚을 수 없는 빚더미에 깔린다. 남편 보봐리가 파산하고 그녀는 자결한다. 장례를 치른 후 남편도 죽는다. 외동딸 베르뜨는 고모에게 맡겨진다. 생활이 어려운 고모는 조카를 면사 공장에 보내 돈을 벌게 한다.

스콧 피츠제럴드가 쓴 『그레이트 개츠비』도 있다. 주인공 개츠비는 첫사랑 여인 데이지를 못 잊고 다시 나타났다. 이에 데이지의 남편이 긴장한다. 데이지는 자신의 운신을 위해 남편이나 개츠비에 휘둘리지 않고 두 사내를 적절하게 잘 이용한다. 마지막에 상처받은 개츠비가 총으로 자살한다. 데이지는 첫사랑이나 아내라는 처지에 구애받지 않았다.

'제르베즈'는 불행하지만 두 남편과 함께 살고 '엠마'는 쾌락을 추구하려 남편을 벗어나 외간 남성들을 찾아 나서고 '데이지'는 자신의 허영을 위해 두 남자를 잘 이용했다. 어쨌든 창녀인 '나나'는 페미니즘의 한 축을 실현한다. 위 소개한 여성들 모두 남성우월주의에 저항하거나 부정하며 남성우월주의를 우롱하는 페미니즘적 이미지들이다.

위 작품들 말고도 페미니즘 소설들이 많다. 무의식에서 유발되는 페미니즘은 자의적 실현으로 이어진다. 그 과정에서 페르소나를 벗어던진 자아는 타락하거나 죽음에 내몰린다. 데카당스나 주이상스로 분류되는 개념들이다. 이를 선도하는 예술이 문학이다. 그렇기에 문학은 시대에 대한 저항이며 해체의 미학이다. 창조적 부정인 것이다. 초현실주의라 하겠다. 그에 관한 명제를 소개한다.

그(살바도르 달리)는 예술 작품이 현실의 법칙에 압도당해도 안 되지만 그 반대로 초현실적인 작품이 현실을 떠나서도 안 된다고 생각했어요. 현실을 넘어서되 그 현실을 떠나서는 안 된다는 거죠. ~ 현실을 벗어나는 게 아니라 자유로운 방식으로 현실을 대면하려는 시도였죠. ~ 초현실주의 운동은 꿈과 무의식에 대한 정신분석의 이론에 깊은 관심을 보였어요. 나아가 초현실주의자들은 정신분석 이론을 현실 변화를 위한 실천적 도구로 사용하려고 했죠. 현실에서는 가능하지 않은 듯 보이는 것들이 무의식 영역에서는 가능하잖아요.[11]

위 예문처럼 현실과 비현실 사이에서 갈등하는 무의식적 행위를 초현실주의라 하겠다. 그것을 주도하는 패러다임 중 하나가 페미니즘이라 하겠다.

안데르센의 『인어공주』를 예로 들어본다. 인어공주가 익사 직전 왕자를 살려낸다. 그를 사랑하게 되나 나중엔 칼로 찔러 죽이지 못해서 되려 자신이 죽어야 하는 아이러니에 빠진다. 그리

---

11) 김서영 저, 『프로이트의 꿈의 해석』, 사계절, 2015, 272~273쪽.

고 무지개 만드는 물방울이 된 것이다. 이는 초현실적이며 인어공주 자신과 사랑이라는 가치 체계를 부정하는 패러다임이다. 문학은 부정의 미학이라는 명제와 맞아떨어진다.

페미니즘을 말하자면 영화 《베로니카, 사랑의 전설》[12]을 빼놓을 수 없다. 고대 베네치아를 배경으로 삼은 영화다.

베로니카는 천민의 딸이다. 귀족인 마르코를 사랑하는데 신분과 지참금 때문에 결혼할 수 없다는 걸 알고 절망한다. 그 구렁텅이를 벗어나기 위해 고급 창녀로 나선다. 천민의 딸로서 한평생 천한 남자의 천한 아내로 살기보다는 창녀의 여유와 자유를 선택하는 것이다. 나중엔 창녀로서 귀족 딸과 결혼한 옛 애인 마르코를 되찾기에 이른다. 둘은 부부가 아닌 연인으로 살아간다. 마르코의 아내에게 남편은 그림의 떡이 된 것이다.

친구이자 마르코의 여동생인 베아트리체가 자신의 딸을 창녀로 만들어 달라고 베로니카에게 말한다. 신의 이름으로 결혼한 뒤 가정에 갇힌 자신은 죄수라며 딸에게는 창녀의 자유를 갈망하는 것이다.

고대 베네치아는 가톨릭이 패러다임이며 헤게모니인 도시국가

---

12) 마셜 허스코비츠 감독, 『베로니카, 사랑의 전설』, 미국, 2001.

다. 창녀 베로니카는 종교재판에서 마녀사냥에 내몰린다. 자신의 이미지를 통해 공유 개념인 다부다처를 부르짖는다. 마녀사냥 재판정에서 친구인 베아트리체가 신과 가정을 저주하며 창녀인 베로니카를 지지한다.

이보다 더한 페미니즘이 또 있을까. 그렇다고 필자가 모든 여성에게 창녀가 되라고 주장하는 건 아니다. 이미 니체가 여성은 창녀이거나 전속 창녀라 말했기 때문이다. 어쨌든 이 영화는 남성우월주의와 가부장제에 대한 저항이며 그 시대를 부정하는 메시지를 남기는 것이다. 모계사회로의 회귀를 의미하는 것이다. 그 메아리는 오래된 미래일 것이다.

이처럼 문학을 시대에 저항하는 부정의 미학이라 한다. 가부장에 대한 저항이나 부정도 마찬가지다. 소설 채식주의자 영혜가 육식을 거부하는 것도 다르지 않다. 영혜의 초현실적 이미지는 채식주의 추구에서 더 나아가 나무가 되려는 이미지로 상승한다. 이것은 인간인 자신에 대한 부정이기도 하다. 동시에 긍정이기도 한 것이다.

이에 따라 채식주의자 영혜와 인어공주를 동일시하는 것에 필자는 주저하지 않는다. 인간 영혜는 산 속 나무가 되려 하고 바다 속 생명체 인어공주는 인간이 되려 했다. 이는 문학적으로 동일시 하기에 충분한 것이다. 또 영혜의 나무와 인어공주의 물방울은 동의어나 다름없다.

위 영화《베로니카, 사랑의 전설》은 뒷쪽 '2. 몽고반점 6) 야한 예술'에서 더 다루기로 한다.

3) 무의식과 초자아의 충돌

앞 1.채식주의자 1) 안티 코르셋의 (27, 28), (89, 91) 예문은 다 무의식적 표현이지만 조금 다르게 볼 수 있다. 전자는 라캉의 관점에 따르고 후자는 프로이트의 시각을 좇는 게 바람직하겠다.

> 프로이트가 무의식의 본성을 규명하면서 주체의 생물학적이고 역동적인 리비도 이론을 기초로 삼았다면 라캉은 외부적 원인이자 순수 형식인 시니피앙을 중심으로 무의식의 구조를 해명한다.[13]

윗글에서처럼 두 정신분석학자의 무의식에 대한 개념은 다르

---

13) 김석 저, 『에크리』, 살림, 2010, 116쪽.

게 나타난다. 프로이트[14]는 무의식을 인간 본성인 내면의 리비도적 발로로 봤다면 라캉[15]은 무의식을 외부의 시니피앙에서 유발되는 걸로 해석했다.

위 채식주의자 두 예문 중 후자 (89, 91)의 무의식은 프로이트의 시선에 맞아떨어진다. 나른한 동굴 모양의 이불이나 늘 옷을 벗고 지내는 건 인간 내면의 성적 본능인 리비도라 하겠다.

전자 (27, 28)의 무의식은 라캉의 관점에 들어맞는다. 화장품, 가죽 제품 들은 사물이기에 상징성이며 동시에 시니피앙이다. 인간 외부에서 오는 시니피앙의 자극에 따라 인간에게 내재된 무의식이 발현하는 것이다.

이처럼 채식주의자의 영혜는 프로이트와 라캉 두 현자의 개념에 다 들어맞는 무의식으로의 퇴행을 시도하는 것이다. 그 과정에서 가족들과의 갈등이 빚어지며 상호 좌충우돌하는 것이다.

무의식과 초자아의 충돌은 만찬 장면에서도 나온다. 채식주의자 본문 27~33쪽까지 7쪽에 거쳐 영혜 부부가 남편 회사 사장 등 간부급 부부들과 만찬을 갖는 이미지가 있다. 이 장면도 정신분석학적 관점에서 접근이 가능하다.

---

14) 지그문트 프로이트 : 오스트리아, 1896 정신분석학을 창시.
15) 자크마리에밀 라캉 ; 프랑스, 프로이트의 정신분석학을 체계화.

사장을 비롯한 간부급 부부들은 사회적 지위나 부를 지닌 자들이다. 그들은 정신분석적으로 초자아적 대상들이다. 인간의 초자아는 늘 무의식과 충돌한다. 그래서 갈등을 극소화하려는 인간들은 자아가 확장된 페르소나를 쓰는 것이다.

　남편이 영혜의 화장 의상 식사 태도 들을 못마땅해 하는 건 출세욕에 따른 페르소나다. 뭔가를 가진 기득권들, 초자아에게 잘 보이려는 행위다. 무의식이 자아인 페르소나를 통해 초자아를 지향하는 것이다.

　영혜의 육식 거부나 노브라는 자연으로 회귀를 추구하려는 무의식이다. 초자아를 벗어나 무의식으로 퇴행하려는 것이다. 회사 간부들과 만찬 자리에서 영혜의 무의식이 남편의 페르소나를 망가뜨렸다. 영혜와 남편은 서로 지향하는 곳이 달랐다.

4) 육식을 거부하다

　인간의 아주 먼 조상들은 채식주의자였다. 현대인들이 가진 치아의 형태가 그 증거라고 한다. 사람의 치아 구조는 육식보다 채식에 더 어울린다는 것이다. 그런데 조상들 중 어느 시대인가부터 고기를 먹었다. 처음에는 육식동물들이 먹고 남긴 죽은 고기를 눈치껏 얻어먹었다. 나중에는 직접 살아 움직이는 동물을 잡아먹었다. 살아 있는 동물이 인간 손에 그냥 잡힐 리 없다. 반드시 인간의 폭력이 선행되어야 한다. 육식은 폭력 그 자체다. 폭력의 결과물이 육식인 것이다.

필자도 육식에 따른 기억을 되살려 본다. 필자의 청소년 시절이다. 해마다 한여름이면 보신탕을 먹는 게 집안이나 마을 행사였다. 요즘으로 치면 한여름, 그중에서도 복날의 큰 축제인 셈이다. 중복이면 반드시 보신탕을 먹었으니깐.

보신탕 주재료는 개고기다. 개의 종류는 중요하지 않았다. 똥개의 비중이 높았을 뿐이다. 당연히 누군가의 집에서 키우던 개가 주종을 이루었다. 한여름 복날이라는 축제를 대비해 마을마다 집마다 평소에 개를 키웠다. 다음 해 중복 날 잡아먹을 똥개들을 미리 키우는 것이다.

보신탕 주재료 중 누렇고 토실토실한 똥개를 으뜸으로 쳤다. 마을이나 들판을 다니며 똥을 많이 주워 먹은 개일수록 최고의 보신탕 재료다. 그 개들을 똥개라 불렀다. 마을마다 집마다 똥개를 한두 마리씩 기르고 이듬해 중복이 되면 잡아먹는 게 일반적인 사회 현상이었다. 그해 보신탕을 못 먹은 사람은, 구체적으로 못 먹은 남자는 한 해를 잘못 산 거나 다름없었다. 여성들도 아이들도 즐겨 먹었다.

그런데 똥개를 잡기 위해 그냥 죽이는 게 아니다. 개를 산 채

질식하지 않도록 목을 묶어 기다란 자루에 담아 굵은 나뭇가지에 매달았다. 그리고 몽둥이로 사방 육방을 후려치는 것이다. 산 채로…. 개가 목에 감긴 밧줄 때문에 질식해 죽는 게 아니라 몽둥이에 맞아 죽는 것이다. 그래야 고기 맛이 좋다는 이유였다. 그렇게 만든 보신탕을 사람들이 둘러앉아 먹는데 그때 빠지지 않고 반드시, 꼭 나오는, 절대로 따라다니는 시니피앙이 있다.

고기가 질겨, 내년에는 더 두들겨 패, 그래야 잘 씹혀.

개를 나무에 매달아 패 죽이던 시절 일반적 교통수단은 자전거였다. 부잣집에만 자전거가 있었다. 그게 나중에는 오토바이로 바뀌었다. 오토바이가 흔한 시절에는 똥개를 두들겨 패 잡지 않았다. 산 채로 자루를 덮어씌워 오토바이 뒤에 목을 매달고서 달렸다. 언제까지 달렸을지 상상해 봐야 한다. 개가 지쳐서 죽을 때까지였다. 오토바이에 밧줄로 목이 매달린 개가 입에 거품을 물고 절명할 때까지 끌었다. 그게 입에 쩍쩍 달라붙는 보신탕을 먹으려는 욕망인데 남성들이 주도했다.

이 이야기가 채식주의자(52~53)에 나온다. 그 행위의 주체는 아버지와 오토바이다. 한강 소설가는 이러한 사회적 현상을 가부장적 폭력이라고 독자들에게 고발한 것이다. 남성이 주도한 횡

포인 것이다. 폭력을 휘둘러 개를 잡는 묘사가 담긴 또 다른 소설이 있어 소개한다.

> 현청 모퉁이에서는 늙은 남정들이 새까만 돼지 한 마리를 잡고 있었다 ~ 개보를 보자 원효는 진저리를 쳤다 ~ 개보는 금학산에서 산개를 잡아올 때마다 개울가 늙은 팽나무 가지에 목을 매달아 놓고 몽둥이로 두들겨 팼다 ~ 산개의 딱딱하고 질긴 살과 근육을 부드럽게 하기 위해 그러는 것이었다 ~ 원효는 귀를 막고 진저리를 쳤다 ~ 원효는 신령님들을 한 번씩 부르고 나서 먹지만 ~ 그리고 산개들이 두려웠다 ~ 원효는 ~ 돼지의 몸뚱이가 사람의 알몸으로 느껴졌고 ~ 가슴에 뭉쳐진 울음이 목구멍으로 넘어왔다 ~ 원효는 눈 부리부리한 아버지가 무서웠다.16)

윗글은 소설가 한승원 선생의 장편소설 『소설 원효』의 한 부분이다. 이 장면은 대략 천 년 전을 묘사한 거로 볼 수 있다. 개를 두들겨 패 죽이는 풍습이 한반도에서 천 년 이전부터 21세기 코앞까지 이어져 온 것이다. 천 년 넘도록 한반도에서 살아온 우리 민족이 치른 삶의 한 방식이었다. 개를 때려잡는 모티프를 하나 더 소개한다.

---

16) 한승원 저, 『소설 원효 1』, 비채, 2006, 24~27쪽.

동네 형들을 따라서 냇가에 간다. 모래밭이 있었고 울퉁불퉁한 바위 사이로 맑은 물이 콸콸콸 흘러내려갔다. 순남이 아저씨가 새끼줄에 맨 누렁이를 끌고 앞장서서 걷고 있다. 아마 모르긴 해도 어느 산모퉁이에선가 놀러 나온 딴 동네 개를 꾀었을 걸. ~ 개의 모가지에 여러 겹의 새끼줄을 매어 맞춤한 나뭇가지에 걸고 당겼다. 팽팽하게 당겨 올리면 개는 ~ 모두들 살기와 식욕이 돌아 눈빛이 이상스럽게 번쩍였다. 아, 내가 어쩌다가 개 잡던 어린시절의 여름날을 떠올리는 걸까.[17]

윗글은 황석영 소설가의 장편소설 『손님』에 나온다. 미국에 사는 요섭 목사가 고향인 북한 황해도의 신천 참샘골 방문을 앞두고 어릴 적 추억을 되새겼다. 그 추억이 하필이면 개를 두들겨 패 죽이는 장면이었다. 이 또한 폭력성이 필연적으로 동원되는 육식의 한 모습이다. 남성들에 의해 이루어지는 삶의 방식인 것이다. 이를 하나 더 소개한다.

여름에도 인왕산의 살벌함은 변하지 않았다. 계곡은 장마가 져야만 물이 조금 흘렀고 굿당으로 올라가는 길은 온통 암벽이

---

17) 황석영 저, 『손님』, 창비, 2007, 25~26쪽.

었고, 오른쪽으로 잡목 숲이 좀 남아 있는 곳에선 어스름녘이면 개를 때려잡는 처절한 비명이 들리곤 했다. 사내아이들은 그 소리만 들리면 눈빛을 번들이며 떼를 지어 숲 속으로 치닫곤 했는데, 개를 때려잡기 위해 매단다는 나무도 정해져 있었다. 그 나뭇가지엔 새끼줄이 매달려 있었고 주위엔 개를 그스른 누릿한 냄새가 늘 남아 있었다. 그 때문에 가뜩이나 헐벗은 숲이 무섭고 구역질이 났다.[18]

박완서 소설가의 장편소설 『그 많던 싱아는 누가 다 먹었을까』에 나오는 한 컷이다. 이처럼 여러 소설들에 개를 잔인하게 때려잡는 그림들이 나타나고 있다. 소설가들의 이러한 묘사는 그들의 시대를 반영한 장치들이다. 멀리는 대략 천 년 전이고 가깝게는 불과 몇십 년 전 이야기들이다. 천 년 그 이전의 시공간은 짐작만 하는 일일 것이다. 어쩌면 지금도 천 년 그 이전처럼 구석진 어딘가에서 개를 몽둥이로 두들겨 패 잡는 일이 남몰래 벌어지는지도 모른다. 오죽하면 '개 패듯 패!'라는 관용어가 나돌았을까. 그 문구가 지금도 필자에게는 생생하다.

이러한 섭생은 한반도에서 수천 년이 넘도록 뿌리박아 온 생활

---

18) 박완서 저, 『그 많던 싱아는 누가 다 먹었을까』, 웅진닷컴, 2002, 90~91쪽.

방식이리라. 한여름엔 일상이다시피 했다. 여름이 아닌 때에도 고기가 먹고 싶으면 수시로 일어났다. 부계사회의 상징이며 전통이었다. 할아버지 아버지 아들 손자 들로 이어졌다. 이를 집단무의식이라 할 수 있다. 개고기 먹길 즐긴 한반도 문화의 원형적 모티브일 것이다.

『소설 원효』의 작가 한승원 선생님과 채식주의자를 쓴 한강 소설가는 부녀간이다. 아버님께서는 장편소설 원효에서 잔인한 육식을 역사적 모티프로 이미지화했다. 그와 맥락이 통하는 묘사를 가지고 따님께서는 육식 거부라는 판타지적 상징물로 승화시켰다. 닮은 이미지에 대한 이런 동질성은 세대를 이어가는 한반도의 원형적 모티프일 것이다.

원형적 관점에서 볼 때 인류는 본디부터 구석기 시대 즈음까지는 모계사회였다. 신석기 시대에 이르러서야 부계사회의 체계로 진입한 것이다. 그 시기에 이르러 남성들은 전쟁이나 쟁탈 등 폭력으로 이룬 재화와 또 다른 집단 폭력을 휘둘러 여성들의 모성을 장악했다. 이후 남아선호 사상이 인류 문화의 바탕이 되면서 여성들의 모성은 아들 낳는 도구로 전락했다. 남성들에 의해서….

하지만 모성은 버릴 수도 스러지지도 않는 대상이다. 모성은 죽지 않고 영원하다는 의미로 보아도 좋을 것이다. 앞에서 언급했듯『도덕경』제 6장에 나오는 谷神不死가 증명해 준다. 谷神不死에서는 모성을 태고의 진리라 말한다. 변하지 않는 건 없다지만 태고의 진리는 불변일 것이다. 인류는 谷神이라 일컫는 모성과 이에 대응하는 가부장적 폭력성이 조합된 역사라 해도 틀린 말은 아니리라.

> 난 내 젖가슴이 좋아. 젖가슴으론 아무것도 죽일 수 없으니까.(43)

여기에서 젖가슴은 모성이며 창조적 평화다. 부성은 막연한 폭력일지 창조적 폭력일지 생각해 볼 필요가 있다. 이 두 가지가 어우러져 인류가 존재하는 것은 부정할 수 없다. 구석기를 지나 신석기 이후 남성우월주의가 주도한 삶의 방식이 만들어 낸 모성과의 갈등 구조인 것이다. 이를 인류사의 본질이라 해도 과언은 아닐 것이다.

5) 원형적 관찰

자웅이체(유성생식)들 중 수컷이 암컷에게 폭력을 휘두르는 종은 매우 드문데 그 대표적 종이 인간이다. 인간 외 다른 종들의 수컷이 짝짓기하고자 할 때 암컷에게 보이는 애교와 기묘한 자태는 신비할 만큼 귀엽고 아름답다. 오직 인간의 수컷만 짝짓기할 때 암컷에게 폭력적일 수 있는 것이다. 이를 두고 사디즘, 마조히즘 들을 거론하기도 한다.

짐작하건대 인간의 선대들이 육식하기 전 폭력을 모를 때는 남성이 여성에게 폭력적이지 않았으리라. 다른 동물들이나 곤충 수컷들처럼 암컷에게 귀엽게 보이려고 많은 노력을 쏟았으리라.

이러한 인류의 원형적 코드를 채식주의자에서는 육식을 거부하는 걸로 그려냈다. 역설적 묘사다. 소년 원효도 아버지가 무서웠다. 육식은 남성의 폭력성이고 그 남성적 이모티콘이 바로 영혜의 아버지다.(48~53) 영혜의 뺨을 때리는 아버지의 모습(49, 51)이다. 영혜가 9살 때 언니와 함께 산에 갔다가 길을 잃었다. 그때 영혜는 집으로 돌아가지 말자고 언니에게 말했다. 아버지의 폭력 때문이다.(191)

이는 원형적인 심리와 더불어 아동발달심리와도 연결된다. 채식주의자에서 영혜에게 저질러진 아버지의 폭력은 영혜가 9살 이전일 때부터 자행됐을 것이다. 그때 어린 영혜는 아버지의 폭력에 의해 자존감이 뭉개졌을 것이다. 어린이의 자존감 상실은 정도의 차이가 있긴 하지만 아무튼 성인이 되었을 때 피폐해진 정서로 이어진다. 어릴적엔 무의식으로 스며들었다가 성인이 되면 반사회적 언행으로 드러나는 것이다.

> 그때 아홉 살이었던 영혜는 말했다. 우리, 그냥 돌아가지 말자. ~ 아버지의 손찌검은 유독 영혜를 향한 것이었다. ~ 영혜는 어떠한 저항도 하지 않았고, 다만 그 모든 것을 뼛속까지 받아들였을 것이다. ~ 영혜의 뼛속에 아무도 짐작 못 할 것들이 스며드는 것을.(191~192)

윗글에서 뼛속에 스며드는 것들은 무의식과 동일시 할 수 있을 것이다. 성인 영혜가 육식을 거부하고 나중에 거식증에까지 이르게 되는 것도 같은 맥락으로 이해할 수 있다. 결국 영혜는 죽고자 한다. 이는 의식적이라기보다 무의식적 현상으로 봐야 한다.

이러한 영혜의 언행은 기억할 수 없는 아득히 먼 무의식의 표출이다. 뼛속 깊숙이 새겨진 상흔인 것이다. 체계적으로 계획된 의사 표시가 아니라는 뜻으로 이해된다. 어린이일 때 상실해 버린 '자존감의 상흔'으로 귀결된다. 이는 '절망하는 존재성'과 일치할 것이다. 이는 수치심으로 이어진다.

한반도의 섭생 문화나 아버지의 강압적 이미지는 집단무의식으로 보아야 한다. 한 아이-영혜의 고착화된 트라우마는 개인무의식일 것이다. 이 둘을 합쳐 원형이라 한다. 이러한 무의식들은 오랜 시간이 흐른 뒤에 반사회적 초자아나 반사회적 자아로 드러난다. 사회적이거나 개인적인 폭력성들은 한 사회나 한 인간을 파괴하기도 한다는 걸 한강 소설가는 영혜, 아버지 등 등장인물들을 통해 독자에게 보여주었다.

이에 비추어 볼 때 소설 채식주의자에서 영혜가 보여준 육식의 포기는 아버지로 귀결되는 폭력성을 거부하는 상징이다. 더불어 한반도적 집단무의식에서 탈피하려는 것이다. 이는 영혜의 개인무의식으로 이어진다.

더 나아가 여성을 어떤 도구로 치부하는 남성들의 강압에 대한 저항적 이미지다. 거기에서 그치는 것이 아니다. 영혜가 실행한 육식 포기는 폭력성으로 대변되는 아버지의 권위적 남성우월주의에 던지는 치욕적 언사다. 이는 한반도에만 적용되지 않을 것이다. 인류사에 있어 진정한 아픔일 것이다.

6) 호접몽, …꿈을 꿨어

본문에는 '…꿈을 꿨어(14)'라는 문장이 여러 번 나온다. '꿈'이라는 단어까지 포함한다면 16, 18, 20, 23, 25, 26, 32쪽 들이 그 사례다. 모두 영혜가 한 말들이다. 영혜가 꿈꾼 걸 말했다.

아직 내 옷에 피가 묻어 있었어. ~ 피웅덩이에 비친 내 눈이 번쩍였어.(19)

이 꿈을 꾸고 난 후 영혜는 육식을 멀리했다. 꿈이 영혜가 현실적 이미지에 저항하는 동기부여를 주는 장치다. 위 (19)쪽 꿈이 (191~192)쪽의 아득한 의식인 무의식을 끌어온 것이다. 거기에 담긴 저항 의식이 육식을 거부하게 했다. 더 나아가 나무가 되고 싶다는 반사회적 성향으로 진화했다. 영혜가 나무가 되면 인간일 때가 꿈으로 느껴지리라. 나무가 꿈에서 깨어난 것이다.

…어쩌면 꿈인지 몰라.
그녀는 고개를 수그린다. 무언가에 사로잡힌 사람처럼, 영혜의 귓바퀴에 입을 바싹 대고 한마디씩 말을 잇는다.
꿈속에선, 꿈이 전부인 것 같잖아. 하지만 깨고 나면 그게 전부가 아니란 걸 알지… 그러니까, 언젠가 우리가 깨어나면, 그때는…(221)

윗글은 지금 인간의 삶이 꿈이라는 것이다. 나중에 그 꿈에서 깨어나면 다시 말해 인간이 아닌 다른 사물일 때 인간의 삶은 꿈이라는 걸 깨닫게 된다는 뜻이다.

이를 상징하는 한마디가 있다. 도가(道家)의 『장자(莊子)』 내편(內篇) 제물론(齊物論)에 나오는 호접몽(胡蝶夢)을 연상하기에 충분하다. 장주(장자)가 낮잠을 자며 꿈을 꾸는데 자신이 나비가 되어 날았다. 나비가 뒤를 돌아보니 낮잠 자는 장주가 보였다. 꿈에서 깬 장주는 내가 사람인지 나비인지 모르겠네, 라고 했다는 것이다. 이를 두고 몽위호접(夢爲胡蝶)이라 했다. 인간으로 사는 것이 꿈일 수 있다는 말이 된다. 그렇다면 인간이 아닌 게 도대체 무엇인가라는 의문이 들게 된다.

이러한 夢爲胡蝶을 패러디한 시인들은 많다. 그 중 蘇軾의 詩를 소개한다. 어느 봄날 蘇軾(東坡)[19]이 지인 반·곽 두 사람과 강변에 나들이 갔다가 지난해를 떠올리며 지은 詩라 한다.

東風未肯入東門 (동풍미긍입동문)
走馬還尋去歲村 (주마환심거세촌)
人似秋鴻有來信 (인사추홍유래신)
事如春夢了無痕 (사여춘몽료무흔)
江城白酒三杯釅 (강성백주삼배엄)
野老蒼顔一笑溫 (야로창안일소온)

---

19) 소식(1036~1101), 북송의 문인, 호는 동파(東坡).

已約年年爲此會 (이약연년위차회)

故人不用賦招魂 (고인불용부초혼)[20]

위 詩에서 4연을 눈여겨보아야 한다. '일(삶)이란 봄날 꿈과 같아 흔적이 없네'라고 해석할 수 있다. 이 詩는 심복(沈復)[21]이 쓴 『부생육기(浮生六記)』에도 실려있다.[22] 浮生이란 덧없는 삶을 말한다. 이 책에는 삶을 꿈이라고 한 詩가 또 실려 있다.

人生世間一大夢(인생세간일대몽)

夢裏胡爲苦認眞?(몽리호위고인진)

夢短夢長俱是夢!(몽단몽장구시몽)

忽然一覺夢何存?(홀연일각몽하존)

사람의 한평생은 하나의 커다란 꿈

꿈 속에 어쩌자고 애써 따지려는가?

꿈이 짧든 길든 다 꿈인 것을!

홀연히 깨어난들 꿈이 어데 있는가?[23]

---

20) 소식 저, 류종목 역, 『소동파 시선』, 지식을만드는지식, 2011, 120쪽.
21) 심복(沈復, 1763-?), 청나라 화가, 문인. 『浮生六記』는 자전적 이야기
22) 심복 저, 지영재 역, 『浮生六記』, 을유문화사, 2001, 11쪽.
23) 위의 책, 243쪽.

이 詩는 『부생육기(浮生六記)』에 '요새 어떤 사람도 이렇게 노래했다.'라고 씌여 있다. 저자 심복이 쓴 詩가 아니다. 심복이 살던 시대엔 민중 속에서 누군가 호접몽 닮은 가요를 불렀나 보다. 그런 노래를 부른 사람은 평민이나 천민일지라도 선각자일 것이다. 성인이나 많은 선각자들은 인생을 꿈으로 인식했다.
　삶은 덧없기에(浮生) 꿈이라 한 것이다. 사람의 생은 현실이 아닌 비현실이라는 것이다. 꿈인 인간의 탈을 벗으면 비로소 원래의 현실로 돌아간다는 것이다. 사람의 일생은 무의미하다는 말이 된다. 그렇다보니 호접몽은 무위자연론의 키워드처럼 돼버렸다. 본고의 결말 부분에서 언급될 니힐리즘과도 직결된다.

　니힐리즘의 키워드는 영원회귀설이다. 지구상의 세포는 뭔가를 위해 끊임없이 돌고 돈다는 것이다. 사람 몸의 세포로써 전부가 아니라 한 세포가 사람으로 머물다가 또 다른 물질의 세포가 된다는 것이다. 그렇게 세포는 물질들을 돌고 돌아 영원히 존재한다는 것이다. 무기물이거나 유기물인 물질들은 유한하지만 그것을 이루었다가 해체하는 세포는 지구상에서 영원히 머문다는 것이다.
　거기에 더하여 '질량보존의 법칙'도 있다. 지구의 물질들은 영원히 돌고 돌기에 그 질량이 달라지지 않는다는 물리적 용어다.

1774년에 프랑스의 라부아지에가 주장했으며 근대 물리학의 기초가 되었다.

영원회귀설이나 질량보존의 법칙은 물리학적 관점을 목표로 삼았다. 무위자연론은 그와 다르다 할 수 있다. 호접몽처럼 상징주의로 비약하는 것이다. 이를 초현실주의라 해도 무방할 것이다.

물리적인 것들에 초현실적 상징성을 더한 호접몽은 물리적인 것과 다르게 볼 수 있겠다. 어떤 것이 현실이고 어떤 것이 비현실인가 하는 것을 호접몽으로 전환한 것이다. 그게 바로 물리적인 것을 꿈으로 이미지화한 것이다.

이처럼 꿈을 통해 무의식을 드러내는 소설이 또 있기에 예를 든다. 밀란 쿤데라가 쓴 『참을 수 없는 존재의 가벼움』(이하 '참을 수없는'이라 한다)이다. '꿈'이라는 단어가 들어간 문장과 이미지가 이 소설[24] 속 23, 26, 35, 67~71, 272, 275~6, 330 들에 묘사되었다.

테레사(주인공)는 남편 토마스(주인공)가 바람둥인 탓에 심리적 고통에 시달린다. 잠잘 때 언제나 남편의 한 손을 꼭 붙잡고 잔

---

24) 쿤데라 저, 이재룡 역, 『참을수없는 존재의 가벼움』, 민음사, 2003.

다. 늘 꿈꾸는데 꿀 때마다 남편이 다른 여자들과 어울리는 꿈이 대부분이다. 테레사가 잠결에 가위눌리자 토마스가 왜 그러냐며 흔들어 깨운다. 테레사가 비몽사몽간에 꿈 이야기를 하는데 자신이 소외당하고 억압에 시달리는 내용이다. 꿈에 대한 심리학적 진술 한컷을 소개한다.

융 심리학의 커다란 전제 중 하나는 '무의식이 상상 이상으로 의식에게 협조적'이라는 것이다. 히스테리나 발작처럼 부정적인 방식으로 신호를 보내는 것조차 결국에는 '의식'을 향한 무의식의 표현이고, 그것은 더 큰 깨달음을 전달해 주기 위한 방책이라고 할 수 있다. 매우 병리적인 형태로 무의식의 메시지가 의식을 괴롭히기 전에, 자신의 무의식과 건강하게 대화할 수 있는 가장 일상적인 방식이 바로 스스로의 꿈을 분석하는 것이다.
전 세계 문학작품 속에 꿈 장면이 그토록 많이 나타나는 이유도 꿈이 지닌 대화적 특질 때문일 것이다. 꿈은 의식과 무의식이 은밀하게 만나 서로의 결핍과 이상을 털어놓는 대화의 장이다. 많은 소설가들이 '꿈'의 징후를 예리하게 포착해내는 장면을 쓰는 것도 소설가의 '무의식'이 꿈의 중요성을 인정하기 때문이 아닐까.[25]

---

25) 정여울 저, 『헤세로 가는 길』, arte, 2016, 267-268쪽.

윗글은 꿈에 대한 심리학적 분석 중 가느다란 한 오라기에 불과하다. 융은 프로이트의 제자이면서 라캉과 더불어 현대 정신분석학을 체계화하는 데 이바지했다. 하지만 나중에 융은 프로이트와 결별하고 나름대로 심리학을 발전시키면서 '분석심리학'이라 했다. 프로이트의 정신분석은 꿈을 해석할 때 트라우마와 무의식을 다룬 반면 융은 신화와 무의식을 연계하여 꿈을 분석했다.

프로이트는 내담자의 꿈이나 시니피앙을 놓치지 않고 무의식에 도달해 치유하는 방식을 사용했다. 개인적인 콤플렉스에 접근하려 한 것이다. 이를 정신분석적이라 했다.[26]

융은 프로이트와 방식이 다르다. 내담자의 꿈이나 시니피앙을 근거로 신화와 연결 지어 치유하고자 했다. 집단무의식의 관점으로 내담자에게 접근한 것이다. 이를 분석심리학이라 했다.[27]

여기에서 정신분석학적인 개인 콤플렉스와 분석심리학적인 집단무의식을 합하여 원형이라고 융은 정의했다. 집단무의식은 나중에 개인 콤플렉스로 진화하는 에너지-우세점이라는 의미로 확산되는 부분이다. 그러니까 정신분석학이든 분석심리학이든 둘 다 시작은 꿈이었다. 그리고 꿈의 해석은 프로이트로부터 시

---

26) 김서영 저, 앞의 책, 46쪽.
27) 위의 책, 81쪽.

작됐다. 그 뒤를 이은 융은 프로이트와 방식을 조금 달리한 것뿐이다.

프로이트는 꿈의 본질을 예지몽이나 자각몽처럼 신비롭게 바라보는 시각에 반대했다. 예지몽은 예언적이고 자각몽은 주체가 꿈꾼다는 걸 아는 것이다. 프로이트가 꿈은 초자연적 현상이 아니라고 말한 것이다. 아리스토텔레스는 꿈이 잠자는 사람의 정신 활동이라고 말한 최초의 사람인데.[28] 프로이트 주장과 맞아떨어진다.

그런데도 필자는 위 각주 22)에서 프로이트가 아닌 융을 다룬 글을 인용했다. 이는 꿈을 해석한 글 중 편하게 읽고 쉽게 이해한 탓이리라. 이러한 이론을 바탕으로 하여 채식주의자와 참을수없는 두 소설에서 묘사된 꿈에 대해 필자는 말하려 한다.

두 소설에 나타난 꿈의 의미는 서로 다르다. 채식주의자에서는 영혜가 꿈을 빌어 현실을 거부하는 이미지다. 앞서 설명한 것처럼 남성의 폭력성을 거부하며 벗어나고자 하는 소설적 장치다. 남편의 몸에서 고기 냄새가 난다며 잠자리를 거부하는(24) 모티프다.

참을수없는에서는 테레사가 현실에 굴종하는 이미지다. 테레

---

28) 김석 저, 앞의 책, 22~23쪽.

사는 늘 남편이 바람둥이라는 강박에 시달린다. 꿈속인데 그녀 눈앞에서 사비나와 정사를 벌이는 토마스(23), 토마스가 발가벗은 다른 여자들을 세워놓고 총으로 쏘아 죽이는(26, 68) 장면 등이 있다. 이러한 장치는 테레사가 토마스를 거부하는 게 아니라 더욱 꼭 끌어안으려는 심리로 작용한다.

　참을수없는에서는 소설 본문을 통해 드러내놓고 독자를 향해 질문을 던진다. 토마스가 여자들을 총으로 죽이는 것과 여자들이 차례로 죽어 수영장에 빠지는 것(68)은 무엇을 의미했을까? 필자는 자문해 보았다. 총이 상징하는 건? 그 총을 맞고 여자들이 죽는 건? 필자는 답을 내렸다. 무의식에서 총은 남성성의 상징이다. 더구나 발가벗은 한 여자에게 쏘다니. 너무 뻔했다. 밀란 쿤데라, 좋은 소설가 맞아? 글쎄!

　이처럼 밀란 쿤데라와 한강은 꿈을 거울삼아 대척점에서 서로 마주 보았다. 쿤데라의 꿈에 대한 의미가 남성적 시각이라면 한강 소설가의 꿈에 대한 의미는 여성적 시선이다. 한강 소설가는 꿈조차 남성적으로 이해하려는 쿤데라의 작가적 거울에 돌멩이를 던진 것으로 봐도 무방하다. 그 거울은 깨어졌으리라.

　한강 소설가가 의식적으로 그랬다기보다는 소설가의 무의식적 시도로 보는 것이 타당할 것이다. 쿤데라의 거울을 깨뜨리려는 한강 소설가의 Aura인 것이다. 이처럼 소설가들은 인간의 무의식적 발로인 꿈을 이용해 작가적 역량을 드러내는 것이다.

7) 무의식과 꿈

프로이트가 정신분석을 정의하기 이전에도 심리학이 있었다. 심리학은 자아, 초자아로 이해되는 의식 세계만을 다루었다. 여기에 무의식과 전의식을 더한 게 정신분석학이다. 이를 프로이트는 초심리학이라 했다.[29]

프로이트는 꿈이 무의식이며 퇴행[30]이라고도 했다. 주체의 언행이 과거의 어딘가를 벗어나지 못한 탓이다. 주체가 현실에서 어떤 자극을 받기만 하면 그곳으로 되돌아가기 때문이다. 불교에서 말하는 업과 동일시된다.

여기에 전의식이 더해졌다. 전의식은 무의식과 자아 사이에서 갈등하는 주체의 표상이라 하겠다. 정신분석학적으로는 '노력하면 떠오르는 기억'이라 하지만 필자는 생각이 다르다. 이를 '감정 조절 기능'이라 말하겠다.

프로이트는 저서 『꿈의 해석』을 펴냈다. 꿈을 무의식과 의식이

---

29) 프로이트 저, 김인순 역, 『쾌락원리 너머』, 부북스, 2013, 8쪽.
30) 프로이트 저, 이환 역, 『꿈의 해석』, 돋을새김, 2019, 240쪽.

이어지는 파생체로 보았다. 꿈은 파편화된 과거들이 응어리진 것이다. 이를 꿈 작업, 꿈 사고, 꿈 내용 들의 언어로 해석했다.

> 프로이트는 모두 223개의 꿈을 분석했는데 여기에는 자신의 것도 47개나 포함됐다.[31]

위와 같은 과정에서 프로이트는 꿈을 세분화했다. 먼저 '꿈 작업'은 부의식이 꿈으로 드러나는 것이다. 다음의 '꿈 사고'는 꿈에 담긴 감정을 말한다. 마지막으로 '꿈 내용'은 잠결에 감상한 동영상이다. 이러한 꿈의 과정이 이루어지는 건 기억의 힘이라 했다.

> 이 기억은 생생한 전체 기억의 덩어리가 아니라 감정의 흔적이며 흩어져 있는 조각조각의 기억이다. 이 기억의 상당 부분이 평상시에는 망각되거나 잘 떠오르지 않지만 그 흔적들은 남아서 작용하는데 이 흔적이 꿈에 활용된다.[32]

윗글처럼 꿈은 사람들이 늘 생각하고 행동하던 까마득한 과거와 오래된 과거 그리고 어제가 실타래처럼 꼬이고 이어진 것이라

---

31) 김석 저, 앞의 책, 11쪽.
32) 위의 책, 33쪽.

하겠다. 꿈 재료로 흔히 동원된 것 중 하나가 어린 시절의 삶이다. 그때 기억은 우리의 뇌리에 깊이 숨었다가 훗날 꿈속에서 이해하기 힘든 동영상으로 되살아난다.

우리의 의식이 지향하는 중요성과 상관없이 무의식은 어떤 계기를 만나 꿈으로 드러난다. 이를 초기억이라 한다. 꿈꾸는 것은 이처럼 어린 시절의 기억을 무의식이 장악하기에 가능하며 꿈으로 이어지는 것이다.

이제 소설 채식주의자에서 보여주는 영혜의 무의식을 탐색하겠다. 영혜는 9살 이전부터 아버지의 폭력에 시달렸다.(191~192) 영혜의 9살 이전이라는 건 사건의 육하원칙을 기억하지 못하는 시기인 게 대부분이다. 그 인식하지 못하는 기억이 쌓이고 쌓여 어떤 계기가 되면 반항과 부정으로 드러난다. 이를 다른 말로 반사회적 성향이라 말한다. 주체의 반항과 부정 의식이 조절되지 않은 채 초자아를 향해 분출하는 것이다. 감정 조절 장애가 발생하는 것이다. 전의식의 기능이 떨어지는 것이다.

대부분의 사람들은 이렇게 자신이 휘둘리고 있다는 것 자체

를 몰라요. 프로이트는 그걸 '무의식적 사고'라고 부릅니다.[33]

영혜는 9살 때 집에 들어가고 싶지 않았다. 옆에서 언니 인혜가 달래지 않았다면 가출했을 것이다. 그때 영혜는 아버지에게 반항하고 집을 부정하며 가출이라는 반사회적 성향을 드러낸 것이다. 이러한 현상은 의식적이기보다 무의식적이라 하겠다.

그렇게 우리가 경험한 모든 것이 자국으로 남아 있는 곳, 그게 바로 무의식입니다. 한번 새겨지면 절대 지워지지 않죠. ~ 우리는 결코 무의식에 기록된 것을 모두 다 알 수는 없어요. 무의식에 관한 한, 나는 나를 알지 못합니다. 무의식이 나를 지배한 경우, 내가 왜 그 일을 했는지, 왜 그 말을 했는지, 왜 기분이 나쁜지 잘 몰라요. ~ 의식은 무의식이 어떤 방향으로 연상을 진행할지 알지 못합니다. ~ 내가 끝까지 의식의 편만 든다면, 무의식의 진실은 다른 경로로 우리에게 말을 걸어요. 그게 바로 '증상'입니다. 몸이 말을 하는 거예요. "나 지금 괴로워요." ~ 정신분석학에서 가장 중요한 단어 하나를 선택하라면 그것은 바로 '무의식'입니다.[34]

---

33) 김서영 저, 앞의 책, 20쪽.
34) 위의 책, 98~103쪽.

윗글에서 '증상'을 다른 말로 하자면 발작이고 히스테리라 한다. 갑작스레 커다란 충격을 받고 실어증에 걸린다든지, 고소공포증이나 불쾌한 일을 당했을 때 얼굴이 붉어지고 손을 떠는 것도 마찬가지다. 현실이 늘 불안해서 안절부절못하는 것도 다르지 않다. 뭔가에 놀라 졸도하는 증상도 마찬가지다.

채식주의자에서 영혜가 칼로 자해하는 이미지는 히스테리로 보아야 한다. 아버지를 거부하는 영혜의 무의식과 이를 억압하려는 아버지의 폭력 사이에서 영혜가 더는 견디지 못하고 자해한 것이다. 극도의 억압 상태에서 발현하는 자기 부정 심리가 자해라는 반사회적 폭력으로 드러난 것이다. 그 순간 영혜는 왜 그랬는지, 무얼 했는지, 왜 화가 났는지 모르는 것이다.

여기에서 영혜가 화를 낸 것은 다르게 해석해야 한다. 화가 난 게 아니라 감정 조절 장애에 빠진 것으로 보아야겠다. 주체가 처한 상황이 긴박하고 두려우면 눈 뜨고도 앞이 깜깜해진다. 전의식의 상실이라 하겠다. 그럴 때 주체의 감정은 살아야 한다는 본능에만 쏠리다 보니 폭력성이 드러난 것이다. 약자로 인식한 자신에게 폭력을 휘두른 것도 어쨌든 반사회적 성향이 되는 것이다. 이는 의식적이라 할 수 없다.

무의식은 충동적이며 폭력적이다. 감정을 조절하지 못해 저지르는 언행이라 하겠다. 마치 꿈과 닮았다. 주체가 충동적으로 반사회적 언행을 저지르고 난 뒤에 자신이 왜 그랬는지 이해 못 하기도 한다. 현실이 아닌 것처럼 여겨지는 것이다. 지나간 순간이 꿈처럼 느껴지는 것이다. 분노 조절 장애, 도벽증, 노름 중독, 성 충동 등이 무의식에서 촉발된 것이라 하겠다. 성도착증도 무의식적인 성 충동 조절 장애로 봐야 한다.

그러한 조절 장애 요인들은 9살 이전에 쌓이고 거듭 쌓인 트라우마가 크게 작용한다. 트라우마가 스트레스 호르몬 분비를 촉진하기 때문이다. 약간의 스트레스는 인간이 살아가는데 촉진제가 된다. 문제는 과다하고 지속적인 스트레스인 것이다.

9살 이후 청소년들이 겪는 트라우마도 스트레스 호르몬을 유발하는데 그로 인해 감정 조절 장애를 불러일으킨다. 성인들도 다르지 않다. 인간은 죽을 때까지 스트레스 호르몬에 시달리는 것이다.

하지만 주체가 9살 이전에 겪는 트라우마는 무의식이 되어 한평생을 지배하는 것이다. 오랫동안 지속해서 반복되는 스트레스 호르몬이 뇌의 균형 발달에 장애를 주기 때문이다. 9살 이전 가볍게 손상을 입은 뇌일지라도 삶에 끼치는 악영향은 클 수밖에 없는 것이다. 9살 이후 겪는 트라우마는 9살 이전보다 뇌에 남기는 상흔이 작다는 게 뇌과학적 소견이다.

과학적으로 입증된 뇌의학을 정신의학이라 한다. 정신분석학은 비의학적이며 임상학적 심리분석인 것이다. 정신의학에 따르면 정신질환은 기질적 원인에서 발생한다고 했다. 선천적이거나 후천적인 요인으로 뇌에 생긴 손상이 유발하는 반사회적 언행을 정신질환이라 말했다.[35]

정신질환은 신경증과 정신증(병)으로 나뉜다. 신경증은 주체가 현실을 인식하며 유아기의 억압에서 유발된다. 현실을 인식하는 데 감당하기 힘든 정신적 충격이나 갈등에 시달리는 것을 말한다. 프로이트는 우리 모두 과다의 차이가 있을 뿐 신경증 환자라 했다.

정신증(병)은 주체가 현실을 인식하지 못한다. 무의식이 이끄는 대로 충동적이고 폭력적 언행을 반복한다. 환상을 현실로 인식한다. 의식이 폐제된 것이다.[36] 두 증상의 결과는 대부분 반사회적이라 하겠다. 이를 다시 정리하자면 무의식은 동물적 본능이고 의식은 인간적 고뇌라 하겠다. 그 중간에 전의식이 존재한다.

8) 그림자

9살 즈음의 청소년들은 전의식이 발달하지 않았다. 감정 조절

---

35) 론 파워스 저, 정지인 역, 『내 아들은 조현병입니다!』, 푸른숲, 2019. 74쪽.
36) 김석 저, 앞의 책, 150쪽.

기능이 약한 것이다. 주체의 무의식이 걸러지지 않고 자아로 드러난다. 주체가 하고 싶은 대로 언행을 저지른다. 이것을 사회가 모두 받아주지 못한다. 프로이트가 주장한 도식 하나를 소개한다.

주체는 '욕구'를 가지고 있다. 무의식이다. 이를 시니피앙으로 초자아에 '요구'한다. 전의식을 거친 자아다. 이 '요구'가 이루어지기도 하고 거부당하기도 한다. 필자는 청소년들과 집단상담을 하면서 그들의 '요구'가 얼마나 이루어지는지 설문조사를 했다. 각각 다르지만 성취율은 5~50%에 이르렀다.

5%에 해당하는 청소년은 현실적으로 거절당하는 사례가 많은 무리다. 초자아에 요구를 과다하게 하면 거절을 많이 당한다. 요구를 줄여 가면 성취율은 높아질 것이다. 전의식이 발달해야 가능하다.

50% 쪽은 현실적으로 거절당하는 경험이 적다고 볼 수 있다. 감정 조절인 전의식을 활용해 요구를 줄인 결과로써 성취율이 높아진 거다. 전의식이 발달한 결과다.

주체는 자신의 요구가 수용된 것보다 거절당한 것을 강하게 기억한다. 그 기억의 강도는 나이가 어릴수록 정비례한다. 그 기억들이 나중에 전의식을 거쳐 자아로 작용한다. 감정 조절 여부에 따라 요구 건수가 달라지는 것이다. 그 결과들이 5~50%의 차이를 만들어 낸 것이다.

초자아로부터 거절당한 요구는 주체에게 억압으로 남는다. 수치심으로 이어지며 존재감에 상흔으로 남는다. 이 과정이 반복되면 주체에게 그늘이 되는 것이다. 저 친구는 얼굴에 그늘이 짙어, 라는 말을 많이 들은 걸 필자는 기억한다. 그게 칼 융이 내세운 그림자다. 오랫동안 쌓이고 쌓인 그늘의 결과물이다.

> 그림자는 우리의 의식으로 적절하게 통합되지 않은 부분이며 우리가 멸시하는 부분이다. 때로는 그림자가 자아와 같은 정도로 엄청난 에너지를 지닐 수도 있다. 그림자가 자아보다 더 많은 에너지를 집적할 경우에는 통제할 수 없는 분노로 작열하거나, 한동안 우리를 헤매게 하거나, 무분별하게 만든다. 때로는 우울증에 빠지게 만들고, 그렇지 않으면 어떤 이유가 숨어 있을 듯한 사고로 연결되기도 한다. 자생력이 있는 그림자는 심리라는 집에서 무서운 괴물로 둔갑한다.[37]

윗글처럼 채식주의자 영혜도 내면에 쌓인 그림자 에너지가 의식이나 자아보다 넘쳐난 것이다. 아버지가 어린 영혜에게 행한 반복된 폭력과 그에 따른 영혜의 수치심이 그림자가 된 것이다.

---

37) 로버트 존슨 저, 고혜경 역, 『당신의 그림자가 울고 있다』, 에코의 서재, 2009, 21쪽.

그동안 자신이 무시한 자신의 그늘이 통제할 수 없는 무분별로 드러난 것이다. 나중에는 나무가 된다며 물구나무를 서거나 거식증에까지 다다른다. 거식증은 우울증의 한 부분으로 보아야 한다. 거식증이나 물구나무서기는 자신에게 가하는 폭력성이다. 초자아가 받아들일 수 없는 한 개인의 무의식이다.

키플링이 쓴 『정글북』의 모글리를 살펴보아야 한다. 인간 모글리는 정글의 늑대 굴에서 늑대의 젖을 먹고 자랐다. 짐승처럼 생활하며 늑대 언어로 늑대와 소통했다. 10살 때 인간 마을로 돌아와 인간처럼 살아보려 했다. 하지만 적응하지 못하고 늑대에게로 되돌아갔다.

모글리가 인간적 삶에 적응하지 못한 행태는 트라우마와 관련이 없겠다. 유년기와 청소년기에 겪은 정글과 늑대의 생활에 대한 학습 결과로 보는 게 타당하겠다. 모글리의 뇌에 저장되지 않은 인간적 삶의 방식에 적응이 안 된 것이다. 모글리는 뇌에 저장돼 몸에 익은 늑대의 생활로 되돌아간 것이다.

이 소설은 아프리카의 실화를 바탕으로 쓰였다. 이 사례처럼 인간은 9~10세 이전 뇌에서 쌓인 환경적 요인으로 이후 생을 살아가려는 경향이 뚜렷하다. 습득된 대로 살려 하고 새로운 습득은 고난과 시련이 앞을 가로막는다. 모글리의 반사회적 행위는 스트레스에 의한 뇌의 상흔과 다르게 보아야 한다. 학습된 결과라 하겠다.

정신의학에서 반사회적 성향을 띤 사람들의 뇌를 촬영했다. 그들의 뇌 사진에는 전문가가 장비를 이용해 봐야 보이는 정도의 결함들이 발견되었다. 그 미세한 뇌의 흠집이 한 삶의 행태를 반사회적 성향으로 이끌어가는 것이다. 대부분 트라우마와 스트레스에 의한 상흔들이다. 그리고 9~10살 이전에 생긴 상흔들의 비중이 높았다.

에밀 아자르(로맹 가리)가 쓴 『자기 앞의 생』(1975)에서도 소년 모모는 자신의 나이를 아홉 살에서 열네 살로 가늠했다. 정확한 나이도 모르는 모모는 엄마도 모른다. 이른 나이에 세상 풍파를 다 겪은 셈이었다. 보호자인 로자 아줌마가 세상을 떠나자 모모가 절망하며 소설이 끝났다. 나딘 아줌마가 새로운 보호자인 듯하다. 그게 모모의 희망이다.

미하엘 엔데가 쓴 『모모』(1970)의 모모도 있다. 모모는 여덟 살이거나 열두 살인 소녀다. 자신이 언제나 있었던 것 같다며 백 살인지 백두 살인지 모르겠다고 한다. 온 마음으로 상대방의 이야기를 잘 들어주기도 한다.

　소년 모모와 소녀 모모는 닮았다. 나이도 비슷하고 어디서 태어난지도 모르기에 엄마가 없다. 둘 다 부모가 아닌 이웃의 보살핌으로 자란다. 다른 게 있다면 소년 모모는 누군가의 사랑으로 자신의 정체성을 세우려 한다. 하지만 쉽지 않았다. 소녀 모모는 시간의 상실과 회복에서 자신의 정체성을 찾으려 한다. 시간을 상실해버린 사람들에게 시간을 되찾아주려 한다. 시간을 앗아간 회색 신사들과 겨루려 환상의 세계로 모험을 떠난다.

　이어 떠오른 책은 위기철의 소설 『아홉 살 인생』이다. 화자인 여민이가 9살까지 겪은 삶의 이야기다. 여민이가 위 두 모모보다는 행복하게 산 것으로 여겨진다. 마지막에 여민이는 9살까지 자신의 삶을 두고 회고했다. '방랑 끝에 돌아와 보니 모든 것이 제자리에 놓여 있었고, 그래서 나는 안심했다.'로 맺는다. 그리고 열 살이 되었다며 소설을 끝냈다. 얼마나 행복에 겨워하는 시니피앙인지 알 수 있다. 본고에 소개한 소설의 청소년들과는 아주 다른 여민이다.

　헤르만 헤세가 쓴 『데미안』도 첫 문장이 '내가 열 살이고~'라는 싱클레어의 진술로 시작했다. 헤르만 헤세는 융학파에서 정신분석을 받았다. 이후 쓴 소설이 『데미안』이다. 주인공 싱클레어는 데미안의 엄마를 향해 오이디푸스 콤플렉스[38]를 드러냈다. 이처럼 헤세의 소설들은 분석심리학이거나 정신분석학적 시니피앙으로 채워졌다. 오이디푸스 콤플렉스는 프로이트 최대의 업적으로써 인간의 무의식을 보여주었다. 이를 융의 방식으로 말하자면 집단무의식이 된다.

> 주인공(싱클레어)을 이끌어주는 데미안이라는 신비한 인물은 무의식에서 올라온 치유자의 형상과 다르지 않습니다.[39]

헤세가 쓴 『수레바퀴 아래서』도 한스는 열 살 남짓 청소년이다. 한스는 엄마가 없는데 마을에서 천재 청소년이다. 마을에서 처음으로 김나지움에 진학하는 영광을 누렸다. 나중에 사회적 억압으로 인해 좌절하더니 마지막엔 자살(?)했다. 이 소설은 필자가 고등학생일 때 처음 읽었다. 그때는 번역판 제목이 달랐다. 『차륜 밑의 소년』이었다.

---

38) 아들 오이디푸스가 왕인 아버지를 죽이고 어머니와 사는 이야기.
39) 김서영 저, 『내 무의식의 방』, 책세상, 2015, 33쪽.

『싯다르타』에서도 방황하는 아들이 청소년이다. 싯다르타는 아들을 설득하고자 했다. 그럴수록 아들은 타락으로 치달았다. 나중에 싯다르타는 아들을 놔두고 강가 나루터에서 뱃사공을 했다. 아들에 대한 집착을 버린 것이다. 강물처럼 흘러가는 시공간에 자신을 맡긴 것이다.

이 소설도 필자가 고등학생일 때 처음 읽었다. 책에 홀딱 반해버려 누군가에게 선물할 땐 이 책으로 했다. 주로 예쁜 여학생들이 많았다. 난 너희들 미모에 집착하지 않는다는 의미이기도 했다.

이렇듯 소설가들은 10살 안팎의 청소년들을 주인공으로 많이 삼았다. 사람의 열 살 전후가 세상을 바라보는 시선이 달라지는 나이인 듯싶다. 정신분석학적으로도 설명이 가능하다. 9~10세 즈음까지 습득한 삶의 체험이 세상으로 향한 첫걸음의 에너지가 되는 것이다. 그때까지 채워진 뇌의 기억과 건강 상태가 한 삶을 결정하는 것이다.

립스는 일체의 심리적인 것은 무의식으로 존재하며, 그중 일부가 나중에 의식으로도 존재한다는 한층 사려 깊은 명제를 내

세운다.[40]

소설 채식주의자 영혜도 9살 때 집을 떠나고 싶어 했다. 아버지는 그 이전부터 영혜와 남동생에게 손찌검을 자주 했다. 그 반복된 폭행으로 어린 영혜의 무의식은 상흔이 깊게 팼을 것이다.

다시 말하자면 지속해서 반복된 트라우마와 스트레스로 영혜의 뇌에 상흔이 새겨진 것이다. 그걸 각인이라 해도 과언이 아닐 것이다. 이처럼 괴롭힘을 당한다는 건 단순하지 않다. 영혜는 아버지로 인해, 가부장적 사회성 때문에 뇌가 상한 여성상이며 청소년상인 것이다.

나중에 아버지는 영혜가 육식을 거부한다며 성인인 영혜의 뺨을 때렸다. 상식적으로 있을 수 없는 상황이 벌어진 것이다. 오래된 습(習)이라 하겠다. 영혜는 어릴 때부터 아버지로부터 인정을 못 받은 게 된다. 그렇기에 영혜는 줄곧 자신을 부정했다. 육식 거부를 지나쳐 거식에 이르고 물구나무를 서며 나무가 되려 했다. 자신을 인정하지 않은 아버지를 거부하고 가부장제를 붕괴시키고 인간을 해체하며 자신마저 파괴하는 초현실주의적 이미지인 것이다.

---

40) 프로이트 저, 앞의 책, 267쪽.

채식주의자 영혜처럼 주동 인물의 어릴 적 나이가 열 살 전후인 소설이나 동화는 셀 수 없을 만큼 넘쳐난다. 그 책들을 필자가 죄다 읽을 수도 본고에 다 소개할 수도 없다. 다만 그 청소년들은 늘 방황하고 좌충우돌하며 괴로워한다고 말할 뿐이다.

부모 품에서 벗어나 세상을 마주하는 청소년들에게 맞닥뜨리는 상황은 늘 낯설다. 낯선 것들 앞에서 그들의 희망은 번번이 쓰러지는데 그때 그들은 거의 무의식대로 움직이며 말한다. 하지만 또다시 초자아인 세상 앞에서 무너진다. 그래도 그들은 희망의 시선을 놓지 않는다.

고대 그리스에서 희망은 판도라의 상자[41]에서 나오지 못했다. 상자 속에 갇힌 희망처럼 인간이 마지막까지도 붙들고 놓지 못하는 희망은 차라리 저주가 아닐까 싶다. 인간 내면 깊숙이 뿌리박은 희망. 떨쳐버릴 수 없는 생명의 불꽃이다. 존재의 본능이기에 무의식이라 여겨진다. 존재의 본질적 욕망이기에 불행의 씨앗이다.

그렇다. 그리스 신화에서도 무의식을 희망으로 상징화했다. 그렇다면 문학을 판도라 상자로 여겨야 하리라. 아니면 초자아인 세상이 판도라 상자인지 그것도 아니라면 생존의 불꽃이, 무의

---

[41] 그리스 신화 최초의 여성 판도라가 열어본 모든 불행이 담긴 상자.

식이 판도라 상자인지 짚어봐야 하리라. 아니다, 애써 구별하려 들지 말아야겠다. 어쩌면 그 모든 것이 하나가 아닐까 싶다.

　문학은 현실을 부정한다. 그 말은 현실과 깊은 관계를 맺고 있다는 뜻이기도 하다. 채식주의자 영혜는 육식을 거부했다. 고기를 즐겨 먹는 현실을 부정하는 것이다. 그 바탕에는 9살 이전부터 오랜 시간 견뎌온 트라우마의 상흔들이 있다. 그것은 아버지의 부정으로 이어졌다. 나아가 자신의 해체로 진행했다. 이는 무의식의 발로로써 까마득한 미래인 것이다.

9) 전의식

　주체의 무의식은 존재성이며 본질이기에 생명력이라 하겠다. 이는 동물적이기에 충동적이고 거칠다. 이러한 성향은 뇌에서 발현한다. 인간의 뇌는 3단계로 되었다.
　첫 단계는 가장 깊숙이 자리 잡은 대뇌기저핵(후뇌)이다. 관능의 충족을 관장한다. 이를 생명의 뇌 또는 파충류의 뇌라 한다. 파충류는 감정 표현이 없다. 뱀이나 악어는 얼굴에 감정 변화가 나타나지 않는다. 후뇌가 지배하기 때문이다. 대뇌변연계가 발달하지 못한 것이다.
　두 번째 단계 뇌는 후뇌를 둘러싼 대뇌변연계(중뇌)인데 포유류의 뇌다. 사자나 호랑이는 얼굴에 감정의 변화가 나타난다. 인간의 조상도 후뇌만 가지고 있다가 포유류로 진화면서 감정 표현을 담당하는 중뇌를 가지게 됐다. 인간의 조상이 파충류에서 포유류로 진화했다는 증거이기도 하다.

세 번째 단계의 뇌가 대뇌피질부(전뇌)다. 대뇌의 반구를 덮고 있다. 전두엽, 두정엽, 측두엽, 후두엽 들이다. 현대적 인간의 이성과 지성을 관장한다. 현대인의 뇌라고도 한다. 이 대뇌피질부가 있기에 비로소 현대인다워지는 것이다. 현대적 인간 사회가 유지 발전하는 데에는 절대적으로 대뇌피질부의 작용 덕이라 하겠다.

하지만 후뇌와 중뇌가 존재하려는 과정에서 전뇌의 존재성이랑 충돌하는 문제가 발생한다. 후뇌와 중뇌의 작용을 무의식적 또는 감정적인 가치라 하겠다. 전뇌의 작용을 초자아적 또는 사회적 가치라 하겠다. 두 가치가 동시에 존재하려는 과정에서 충돌이 벌어지는 것이다.

뇌의 구조에서 벗어나 현실을 가지고 얘기하겠다. 세상은 법률, 도덕, 종교 들로 구성된 초자아라 한다. 뇌로 치면 전뇌라 하겠다. 인간은 사회적 존재이기에 초자아를 무시한 채 살아가기 힘들다.

한 인간이 초자아에 적응하기 위해서는 자신의 관능과 감정을 조절해야 한다. 잘 조절하지 못하면 초자아와 융화하기 힘들다. 이때 주체가 내세우는 것이 자아다. 자아는 한 주체가 초자아에게 향할 때 잘 어울릴지 실패할지를 결정하는 모양새다. 앞서 언급한 페르소나다.

이때 주체가 자신의 관능과 감정 쪽 – 습(習)으로 쏠리면 초자아와 공동체를 이루기 힘들 것이다. 주체가 습을 억누르고 초자아를 보다 더 배려한다면 공동체에 잘 통합될 것이다.

여기에서 주체가 어느 쪽을 선택할지 고민한다. 개인적인 것을 앞세우느냐 사회적인 것을 내세우느냐로 갈등하는 것이다. 그러면서 주체가 자신의 기억들을 더듬다가 존재에 유리한 선택을 한다. 그 결정에 따라 주체는 반사회적이거나 사회적인 존재가 되는 것이다. 자아가 형성되는 거라 하겠다. 이 자아는 수시로 변하기도 한다.

정신의학에서는 주체의 전뇌가 건강하면 주체의 사회적 가치가 높아지고 전뇌에 상흔이 있으면 그 반대라고 오래전에 결론을 내렸다. 다시 말하면 전뇌에 따라 자아의 형질이 달라진다는 것이다. 그중에서도 으뜸으로 치는 부위가 전두엽이다.

전두엽은 주체가 욕망과 감정에 휩쓸리지 않도록 조절을 한다. 관능과 감정을 제어하는 건강한 전두엽을 포함한 전뇌가 주체의 사회성에는 반드시 필요하다. 이를 역설적으로 말하자면 전뇌의 상태에 따라 주체는 사회적이거나 반사회적 인간이 되는 확률이 매우 높은 것이다.

　이러한 자아를 결정하기 위해 주체가 고민하면서 자신에게 유리한 어떤 기억을 떠올리려 노력하는 과정을 프로이트는 전의식이라 했다. 프로이트는 인간의 정신구조를 무의식, 전의식, 자아, 초자아로 구분했다. 결국은 전뇌의 영향을 받은 전의식이 어떻게 무의식을 통제하느냐에 따라 주체의 성향을 결정하는 것이다. 이 전의식을 감정 조절 기능이라 여길 수도 있다.

10) 페르소나와 전의식

　프로이트는 전의식을 '노력하면 떠오르는 기억'이라 했다. 비슷하긴 하지만 필자는 '감정 조절 기능'이라 하겠다. 전의식은 주체가 초자아로 나가기 위해 내세울 자신의 모양새를 고민하는 과정이다. 그 결과에 따라 형성된 자아가 초자아에 부딪히기도 하고 흡수되기도 한다. 어떤 주체의 사회성은 전의식에 따라 좌지우지되는 것이다.

　　전의식은 무의식과 의식(자아)을 연결해 주는 일종의 교량 역할을 한다. 그래서 전의식을 '이용 가능한 기억'이라고 부르기도

한다.⁴²⁾

주체가 존재하기 위해 생각한다. 더 나아가 고민도 한다. 자신이 존재하기에 편리한 것을 선택하려는 것이다. 자신을 지배하려는 무의식적인 것이 초자아 앞에 놓일 때 유리할지 불리할지를 계산하는 것이다. 이를 두고 프로메테우스 形⁴³⁾이라 한다. 전두엽을 포함한 전뇌가 건강할 때 가능한 일이다. 전뇌가 건강하지 않으면 불가능하다. 이를 에피메테우스 形 인간⁴⁴⁾이라 한다.

이처럼 언행에 앞서 먼저 생각하는 것은 바로 전의식인데 '감정 조절'하는 것과 다르지 않은 것이다. 이러한 논리로 필자는 전의식을 '감정 조절 기능'이라 재해석하는 것이다. 전의식이 잘 작동된다면, 다시 말해 '감정 조절'이 다 잘 된다면 많은 범죄가 사라질 것이다. 분노 조절 장애로 벌어지는 폭력, 성충동 조절 장애로 벌어지는 성폭력, 도벽, 도박 들을 예로 들 수 있겠다.

전의식 조직은 의식에 이르는 통로를 차단하고 있을 뿐만 아

---

42) 프로이트 저, 앞의 책, 240쪽.
43) 인간 행동하기에 앞서 생각하는 인간형
44) 생각 없이 일을 저지르는 인간형

니라 무의식의 자의적인 운동성을 관장하기도 한다.[45]

전의식이 잘 작동한다면 그래서 '감정 조절'이 잘 된다면 주체는 하기 싫은 일을 하면서 웃는 척하게 된다. 얼굴에 가짜 표정을 짓는 것이다. 이를 본 초자아는 그 주체를 허용한다. 이 속임수 표정이 페르소나(persona)다. 세상을 속이는 가면이라 하겠다. 주체의 감정 조절이 잘 안 되면 자아낼 수 없는 성질의 것이다.

주체는 고민한다. 자신의 존재성, 즉 자아를 위해 어떻게 하는 게 유리할지를. 무의식과 초자아 사이에서 갈등하는 것이다. 다른 말로 하자면 누군가의 눈치를 보는 것이다. 여기에서 페르소나가 등장하고 뒤이어 또 다른 페르소나로 바뀐다.

이게 반복된다면 '다중 인격'에 해당한다. 자아는 다중 인격일 가능성이 크다. 세상에서 벌어진 인간들의 삶이 증명해 준다. 이게 다 무의식의 지배를 받은 전의식이 좌지우지해 버린 페르소나 탓이다. 페르소나가 삶인 것이다.

페르소나는 채식주의자 영혜에게도 적용된다. 영혜가 육식을 거부하기 전까지 페르소나를 내세우며 살았다. 딸, 아내로서 역

---

45) 위의 책, 268쪽.

할에 충실한 것이다. 영혜가 냉장고에 넣어 둔 고기들을 몽땅 버렸다. 꿈을 꾼 뒤였다.(16) 이후 육식을 거부하기 시작했다.

그때까지 영혜의 자아는 초자아와 친화적이었다. 감정 조절 기능을 하는 전의식의 힘이었다. 그 전의식이 꿈으로 인해 무의식에 밀려 해체된 것이다. 영혜의 페르소나가 깨지면서 무의식이 통째로 드러난 것이다. 내면에 축적된 그림자가 자아의 가면을 벗겨 버린 것이다.

영혜는 초자아와 충돌을 피할 수 없는 까마득한 과거와 아득한 미래를 드러냈다. 영혜의 까마득한 무의식이 전의식을 제치고 초자아 앞으로 나선 것이다. 초식을 하던 DNA 속 과거를 향해 발걸음을 내딛으려 한 것이다. 이를 퇴행이라 한다. 영혜에게 미래이기도 하다. 페르소나를 벗어 던진 민낯이라 하겠다.

2. 몽고반점

　채식주의자에 나오는 key-word 중 하나가 '몽고반점'이다. 소설 본문에만 여러 쪽에 거쳐 25번 나온다. 사전적으로 보면 협소한 생물학적 단어에 불과하다. 이 몽고반점이 확장돼 나중에는 몸에 그린 꽃으로 피어난다. 한줌의 랑그(사전적 시니피앙)가 발화하여 파롤(개인적 시니피앙)로 승화하는 것이다. 이때 뒤따르는 기의(시니피에)는 오로지 독자 몫이어야 한다. 예술가는, 소설가는, 이 시니피앙 작업을 오롯이 해내야 한다.
　한강 소설가는 채식주의자에서 몽고반점이라는 단어를 사전적인 사물로 쓰지 않았다. 이를 독자가 몽고와 반점이라는 소속감이나 동질감으로만 바라본다면 협소한 시각이라 하겠다. 무의식을 표출하는 사물로 보는 게 맞다. 그 무의식도 복합적이다. DNA에 새겨진 무의식들이다.

1)fetishism과 ~philia 그리고 libido

　그중 하나는 몽고라는 소속감이나 동질감이다. 태고적 무의식이라 하겠다. 다른 하나는 반점이라는 성적 충동이다. 이 무의식은 태고인지 아닌지를 초월한 종족 보존 본능이라 하겠다.

바로 fetishism이다. 프로이트가 주창한 libido로 이어진다. 이성의 몸 중 특정한 곳이나 어떤 소품에서 성적 충동을 느끼는 것이다. 때로는 너무 강렬하게 솟구치는 성충동을 억제하지 못해 반사회적 문란을 일으킨다.

다른 하나는 ~philia다. 고대 그리스인들은 사랑을 여러 유형으로 분류했다. eros, storge, agape, philia 등이 있다. 그중 philia는 친구라는 뜻의 philos에서 유래했단다. 또 다양하게 해석된다. 어떤 대상을 두고 지속적인 친밀감을 형성하는 걸 바탕으로 삼는다. 이건 철학적인 관점이다. 참고되는 사이트를 소개한다.

고대 그리스 철학자 아리스토텔레스는 저서 《니코마코스윤리학》을 통해 공동체 윤리를 논하면서 필리아에 대해 언급하였다.
그는 필리아가 성립하기 위한 조건으로 순수성, 상호성, 인지성을 제시하였다. 즉 필리아는 자신의 이익과는 관계없이 오직 상대방이 잘 되기를 바라는 순수한 마음이 있어야 하며, 이러한 순수한 마음은 서로가 서로에 대해 쌍방향으로 존재해야 하고, 그러한 상태를 서로가 잘 알고 있어야 한다는 것이다.
또한, 아리스토텔레스는 필리아의 유형을 세 가지로 구분하였는데, 서로에게 도움이 되거나 유익한 어떤 것을 얻음으로써 형성되는 필리아, 서로 함께함으로써 즐거움을 느끼는 가운데 형성되는 필리아, 상대방의 모습을 있는 그대로 인정하고 서로에게 선의를 갖는 필리아가 있다고 보았다.

아리스토텔레스는 선의의 필리아가 최고 수준에 해당하는 필리아이며, 인간의 행복을 위해 필리아는 필수적이라고 강조하였다.[46]

이처럼 아리스토텔레스가 정의를 내린 philia가 2천 년이 넘는 세월 동안 많이 달라진 것 같다. 요즈음 통용되는 사전적 해석으로는 비정상적인 성애라 하겠다. 근데, 이게 뚜렷한 기준이 없다. 주체가 어떤 물질이나 공간에서 성적 충동을 느끼면 대부분 ~philia인 것이다.

Paedo는 소아나 유아와의 관계를 말하는 접두어. 여기에 ~philia를 붙이면 Paedophilia인데 소아성애자가 된다. Emetophilia는 구토물을 보거나 먹으며 성적충동을 느끼는 의미를 지닌 합성어. 배설물과 관련된 성충동 ~philia는 따로 있다. Zoophilia는 동물을 보고 성적충동을 느낀다는 의미를 지녔다.

---

46) https://terms.naver.com/entry.naver?docId=6542740&cid=40942&categoryId=31500 [네이버 지식백과] 필리아 [philia] (두산백과) 발췌

Necrophilia는 시체성애자, Vorarephilia는 인육성애자, Agalmatophilia는 인형이나 조각상 성애자인데 그리스 신화의 피그말리온과 요즘 바람이 부는 Real doll도 여기에 해당할 듯 싶다. Acrophilia는 고소성충동애자인데 고소공포증과는 반대 개념이다.[47)]

이처럼 fetishism과 ~philia는 둘 다 특정한 부위나 특정한 물질들에서 성적 충동을 강하게 느낀다는 동의어로 봐도 무방할 것이다. 그러나 ~philia가 fetishism을 포함한 것으로 여겨진다. fetishism은 ~philia들 중 하나인 듯싶다. 한자어로는 성도착증이나 변태성욕이 어울리는 것 같다.

이러한 관점에서 채식주의자에 나오는 fetishism과 ~philia를 탐색하기로 한다. 눈에 잘 띄는 모티프들로 추렸다. 채식주의자에서 영혜의 남편이 진술하는 장면이다.

아내와 닮았지만 눈이 커서 예쁜, 무엇보다 아내보다 여자다운 데가 있는 처형이 곧 수화기를 넘겨받았다. ~ 콧소리를 섞어 내는 처형과의 통화는 언제나 나에게 약간의 성적인 긴장감

---

47) https://www.instiz.net/pt/911172 발췌

을 주었다.(36)

여기에서 영혜의 남편은 처형의 콧소리에 성적 충동을 느낀 것이다. 이를 nasalphilia라 하겠다. 동시에 페티시즘도 적용이 된다.

> 적당히 살이 붙은 처형의 몸매, 사근사근한 말씨, 커다랗게 쌍꺼풀진 눈을 바라보며, 나는 내가 잃고 살아왔을지 모를 많은 것들을 아쉬워했다.(44)

이 장면도 성적 충동을 유발하는 무의식적 이미지가 맞다. 1인칭 주인공 시점에서 진술했다. 다음은 영혜 형부의 감정을 3인칭 전지적 작가 시점에서 진술한 내용들이다.

> 여인의 엉덩이 가운데에서 푸른꽃이 열리는 장면은 바로 그 순간 그를 충격했다. 처제의 엉덩이에 몽고반점이 남아 있다는 사실과, 벌거벗은 남녀가 온몸을 꽃으로 칠하고 교합하는 장면은 불가해할 만큼 정확하고 뚜렷한 인과관계로 묶여 그의 뇌리에 각인되었다. ~ 여자의 목을 조르듯 껴안고 좌위로 삽입하고 있는 얼굴 없는 남자는 누구인가. ~ 자신이어야 한다는 것을

> 그는 알았다.(74)

> 그리고, 바지 한겹만 벗기면 낙인처럼 푸르게 찍혀 있을 몽고 반점을 상상한 순간, 온몸의 피가 거기 모였던 것이다. 물컹물컹 한 환멸을 씹으며 그는 선 채로 자위를 했다.(80)

윗글 두 편은 형부가 처제 영혜의 엉덩이에 몽고반점이 있다는 말만 듣고, 상상만으로도 성적 충동을 느끼는 묘사다. fetishism이며 ~philia에 해당한다. 또 있다.

> 처제의 외꺼풀 눈, 아내 같은 비음이 섞이지 않은, 다소 투박하나 정직한 목소리, 수수한 옷차림과 중성적으로 튀어나온 광대뼈까지 모두 그의 마음에 들었다.(78)

윗글들에서 동생 영혜의 남편은 처형 인혜의 쌍꺼풀 눈에서 성적 매력을 느꼈다. 반대로 언니의 남편인 형부는 처제의 외꺼풀 눈에서 성적 매력을 느꼈다. 비음이거나 비음이 아니거나 하는 부분도 마찬가지다. 심리 소설로써 서로 엇갈리는 남편들의 욕망를 보여주었다. 프로이트가 말한 욕구, 요구, 좌절, 욕망, 충동, 그림자라는 정신분석 도식과 잘 맞는다.

~헐렁한 트레이닝복 바지 아래로 드러나던 흰 발목, 방심한 자세로 비스듬이 앉아 텔레비전을 보던 모습, 반쯤 벌린 다리, 흐트러진 머리칼을 기억할 때마다 그의 몸은 뜨거워졌다.(87)

나무 스푼으로 아이스크림을 떠 혀로 핥는 그녀를 그는 말없이 건너다보았다. 마치 그녀의 혀와 그의 몸이 전선으로 연결되어 있는 듯, 그녀의 혀끝이 내밀어질 때마다 전기자극을 받는 것처럼 움찔움찔 떨곤 하는 자신을 발견했다.(94)

소설 채식주의자에서 골라낸 몇 예문들처럼 성적 충동은 삶이라는 일상에서 다반사로 발생한다. 이를 포함해 생활에서 먹고 자고 공부하고 놀고 배설하는 것조차도 '성적 에너지-libido'라고 프로이트가 말했다. 이에 융은 반발하며 '생명 에너지'라 했다. 범 리비도를 내세운 것이다.
  필자가 프로이트의 성적 에너지인가 융의 생명 에너지인가를 두고 생각했다. 말할 것도 없이 두 개념은 동의어다. 융의 범 리비도도 결국은 프로이트의 리비도에 출발하는 것이다. 두 심리학자를 꼭 분별해야 한다면 필자는 프로이트 쪽이다. 심리학에서 프로이트가 융의 스승이며 더 고수라는 걸 인정해도 무방할 것이다.

필자가 libido를 지지하는 건 인간이 종족 보존과 개체 증식의 본능으로 살아가는 탓이다. fetishism과 ~philia가 증명해 주었다. 그것들은 성적 본능을 충동질하는 무의식이고 생명 에너지와도 틈새가 없다. 필자가 libido를 지지하는 까닭이다.

스승 프로이트와 제자 융은 생각의 차이로 인해 결별했다. 이후 이성과 신앙적 관점에서 심리학에 접근하려던 학자들이 리비도를 근거로 프로이트를 비난했다. 대표적 인물이 융이다. 라캉은 다르다. 라캉을 프로이트보다 더 고수로 보는 게 필자의 견해다. 오늘날 우리가 즐기는 심리학의 완성은 라캉에게서 갈무리되었다 해도 과언이 아니다.

라캉은 융과 달랐다. 프로이트로 복귀를 주장했다. 더 나아가 프로이트주의를 새롭게 개조하고자 노력했다.[48] 만일 라캉이 프로이트주의를 체계화하지 않았다면 정신분석학은 지금과 모양새가 다를 것이다. 필자는 프로이트의 libido에 fetishism, ~philia 들을 포함하고자 한다. 융의 생명 에너지도 리비도에 흡수시키고 싶다.

이러한 프로이트의 리비도를 돋보기 삼아 탐색하기에 채식주의자는 잘 어울리는 소설이다. 채식주의자는 아무도 선뜻 나서

---

48) 김석 저, 앞의 책, 116쪽.

서 말하지 못하는 인간의 무의식을 한강 소설가만의 언어로 담아냈다. 하지만 비도덕적이라는 비난을 받는다. 소설 채식주의자는 도덕 교과서로 쓰인 게 아닌데 말이다.

라캉은 '무의식이 가장 아름답다'고 했다. 이 말이 무의식적으로 벌인 범죄에는 해당하지 않는다. 오롯이 예술에만 해당한다. 예술은 작가의 무의식적 언행이기 때문이다. 또 작가가 아닌 누군가의 무의식이기도 하다. 작가는 무의식과 초자아를 수시로 잘 넘나드는 초월자다. 예술적 소설을 쓰는 오스카 와일드가 한 말을 소개한다.

> 도덕적인 책 또는 비도덕적인 책 그런 건 없다. 책이란 잘 쓰였느냐 혹은 잘못 쓰였느냐가 전부이다. ~ 어떤한 예술가도 윤리에 공감하지 않는다. 예술가가 윤리에 공감하는 것은 용납할 수 없는 매너리즘이다.[49]

오스카 와일드가 언급한 잘 쓴 책, 잘못 쓴 책에 대한 기준은 뚜렷하다. 탈 매너리즘이다. 작가는 세상에 있는 뭔가를 바꾸기 위해 노력하는 책을 써야 한다는 것이다. 하지만 그것을 목적으

---

49) 오스카 와일드 저, 한명남 역, 『도리언 그레이 초상/살로메』, 「도리언 그레이 초상」, 동서문화사, 2012, 11쪽.

로 삼아서는 안 된다. 하나의 사물로 존재하는 문학이어야 한다고 사르트르가 말했다.

> 문학이라는 사물은 야릇한 팽이 같은 것이어서, 오직 움직임을 통해서만 존재하는 것이다50)

사르트르가 소설이 취해야 할 사물로써 덕목을 분명하게 언급했다. 오스카 와일드와 공감하는 부분이 크다. 그와 맞아떨어지는 인물이 채식주의자를 읽다 보면 영혜와 형부로 이어진다. 그들은 세상을 바꾸려는 몸짓으로 자신을 불태우는 자들이다.

> 소설가가 초월을 향한 움직임을 보여주지 않는다면 그런 소설가의 세계에는 부피가 없게 될 것이다. ~ 달리 말하면, 세계를 변혁하려는 의욕이 강하면 강할수록 그 세계는 더욱 살아 있는 세계가 된다.51)

이러한 사르트르의 말에 의해 한강 소설가의 장편소설 채식주의자는 어떤 소설인지 생각해 봐야 한다. 영혜는 육식 거부를

---

50). 사르트르 저, 정명환 역,『문학이란 무엇인가』, 민음사, 2005, 61쪽.
51) 위의 책, 86쪽.

통해 가부장적 세상을 거역하고자 한다. 형부는 몽고반점에 꽃과 나무를 그려 사람과 자연을 분리하려는 세상에 저항한다. 둘 다 매너리즘에 변혁을 꾀한 것이다.

그 둘은 꽃 그림을 배경 삼아 정사를 벌여 자신들은 인척이 아니라 암술과 수술이라는 걸 보여주었다. 그러한 시니피앙(기표)은 인간의 삶도 자연적이라는 시니피에(기의)를 담았다. 이러한 묘사를 두고 독자들의 호불호가 크게 갈린다. 이에 사르트르의 말을 소개한다.

> 착한 감정으로만 훌륭한 책을 쓸 수 없다는 것은 사실이기 때문이다. ~ 문학과 도덕은 전혀 다른 것이지만 ~ 어두운 문학이란 있을 수 없다는 것이다. ~ 다만 좋은 소설과 나쁜 소설이 있을 따름이다. 나쁜 소설이란 독자에게 아첨하여 그의 환심을 사려는 소설이며, 좋은 소설이란 독자에 대한 요청이며 신뢰다. ~ 자유로운 인간들의 화합을 실현하려는 예술가, 자유로운 독자들에게 제시할 수 있는 유일한 세계의 모습은, 언제나 더욱 더 자유로 충만되어야 하는 그러한 세계인 것이다. ~ 또한 인간에 의한 인간의 굴종을 찬양하거나 수용하거나, 혹은 규탄하지 않고 그냥 내버려 두는 작품을 읽는 독자가 자신의 자유를 향유할 수 있다는 것도 생각할 수 없는 일이다. ~ 글쓰는 사람

은 자유로운 사람들에게 호소하는 자유인이며, 오직 자유라는 한 가지 주제만을 가지고 있을 따름이다.[52]

윗글에 비추어 본다면 라캉이 '무의식이 가장 아름답다'고 한 말은 소설에도 적용되는 게 적절할 듯하다. 무의식에서 최고를 꼽으라면 개인의 자유일 것이다. 사르트르가 문학과 도덕은 전혀 다르다고 했다. 진정한 문학은 자유로워야 한다. 그도 라캉처럼 무의식의 자유를 존중한 까닭이리라.

사르트르가 독자들에게 환심을 사려는 소설은 나쁜 소설이라 했다. 그런 소설을 쓴 작가는 독자에게 얽매여 어떤 자유도 소설에 투사할 수 없으리라. 독자들이 듣고 싶어 하는 달콤한 언어를 구사한 탓이리라. 그게 바로 창작의 자유를 스스로 박탈한 매너리즘인 것이다.

오스카 와일드도 윤리에 공감하는 매너리즘적 소설을 잘못 쓰인 소설이라 했다. 독자들에게 자유를 요청하지 않는 소설, 윤리적 매너리즘에 빠진 소설들을 곱씹어 보라 했다. 오스카 와일드와 사르트르의 명제들을 근거로 채식주의를 곱씹어 보아야겠다.

---

52) 위의 책, 88~90쪽.

2)낯설게하기가 창작이다

 이제 왜 윤리적인 것을 매너리즘으로 보는지 검토하겠다. 윤리는 초자아와 동의어다. 도덕, 규칙, 법률, 종교, 질서 들과 맥락을 같이한다. 사회적으로 모범적이고 유용한 것들이다. 사람들이 공동체를 이루고 살자면 반드시 구축되어야 할 장점으로 봐야 한다.
 하지만 세상에 완벽한 것은 없다. 그 사회적 장점들이 개인에게 억압으로 작용하는 것이다. 다시 말해 초자아는 단체 생활에 있어 질서를 유지하는 데 필요한 장치다. 그런데 그 장치가 개인적으로는 불편한 점이 더 많다. 초자아라는 햇살 아래 누구는 따사롭고 누군가는 뜨겁다. 어떤 이는 불타버리기도 한다. 소외당하는 자나 계층이 있게 마련이다. 그럴 때 어릴수록 더 민감하게 반응한다.
 아이러니하게도 사회적 공동체인 초자아는 개인적인 삶을 억압함으로써 성장한다. 어떤 개인을 부드럽고 다정한 말로 공동체로 이끌다가 잘 안 되면 나중엔 폭력을 사용한다. 대표적인 예로 국가의 공권력을 들 수 있다. 독재국가일수록 개인적인 억압이 심하다. 종교도 개인보다 공동체가 더 중요하다. 그때 내세우는 게 교리라는 종교 단체의 법이다. 누군가 교리를 위반하거나 거역하면 이단으로 처벌받는다. 사형당하고 추방도 당한다. 산 사람을 십자가에 매달아 거꾸로 물속에 처넣거나 불태워 죽이기도 했다.

공동체 구성원은 초자아의 규칙을 집, 학교 등 여타 시설에서 배운다. 초자아 가치들은 시기에 따라 조금씩 변하긴 하지만 항상 정형화 되었다. 국가가 존재하는 수백 년, 종교가 존재하는 수천 년 동안에도 잘 변하지 않는다. 그 기간에 구성원인 개인들은 억압당한다. 그 통제의 결과는 정신적이거나 물질적 손익으로 환치된다. 이익은 특권층들이 소유하며 세습까지 이루어진다.

억압의 대상인 일반적이나 그 이하 생활인들에게는 분배가 미비하게 되거나 거의 안 된다. 대다수 소시민은 손실을 떠안는 경우가 허다한데 이것도 세습된다. 모두가 초자아라는 명분으로 휘두른 집단 폭력의 결과이다. 집단 폭력은 초자아라는 가면을 쓴 마귀나 다름없다.

그러한 세습들은 교육으로 이루어진다. 여기서 교육이란 무엇인가를 생각해야 한다. 어떤 공동체의 교육이 순수한가를 짚어보아야 한다. 교육은 공동체의 2세 3세 들에게 지성을 일깨우기 위해 학습시키는 것일까. 그렇지 않다. 천만의 말씀이다.

특히 공교육은 절대로 순수하지 않다. 구성원이 몸담은 체제와 부의 세습을 위한 지식을 후대에게 학습시키는 것이다. 그것들은 획일화 돼 있고 비판을 거부하며 쉽게 변하지 않는다. 공교육이 얼마나 잘못됐는지 알려주는 글을 소개한다.

 제2차 세계대전 때 나치 수용소의 감독관이었던 하임 지노트는 이런 어록을 남겼다.
 '나는 인간으로서 못 볼 것을 보고 말았다. 숙련된 기술자들에 의해 가스실이 채워졌고, 아이들은 고등 교육을 받은 과학자 등에 의해 중독되어 죽어 갔다. 유아들은 훈련된 간호사들에 의해 살해되었고 여자들은 대학 졸업반 학생들에 의해 총살되기도 하였다. 그래서 나는 교육을 의심하고 있다. 나의 간절한 바람은 교육자들이 학생들을 인간으로 교육시켜 달라는 것이다. 교육자의 노력이 숙달된 괴물이나 숙련된 정신병자, 동물성 똑똑이만을 길러 내서는 안 된다. 글을 읽고 쓰는 일, 역사나 수학 등은 그것이 학생들을 인간으로 만드는 데에 도움이 되는 것이어야 바른 교육이다.'[53]

윗글은 독일이라는 초자아가 아리안족 후예인 게르만족 우월주의를 국민에게 교육한 결과일 것이다. 게르만족이 아닌 종족

---

53) 정채봉 저, 『스무 살 어머니』, 샘터사, 2005, 213쪽 재인용.

들은 인간으로서 가치가 없다는 독일식 교육인 것이다. 그렇기에 게르만인들은 유대인이나 슬라브인들을 파리 목숨처럼 다룬 것이다.

다소 차이가 있긴 하지만 다른 나라들도 초자아적 교육 방식은 비슷하다. 한국은 한국식의 교육이, 미국은 미국식, 중국은 중국식의 교육이 실행될 뿐이다. 요즘 중국이 흡사 독일, 일본, 소비에트 제국주의 방식을 닮아가는 것 같은데 필자 혼자 느끼는 우려이길 바란다.

유대교는 탈무드를, 기독교는 신약성경을 중심으로, 이슬람교는 코란을, 불교는 자신들 가치만큼의 교육으로 후진을 양성하는 것이다. 이것은 초자아 나름의 기득권을 세습하려는 것이다. 이를 교육제도라 하는데 집단무의식이라 하겠다. 개인무의식과 함께 융이 주장한 원형에 포함된다.

위와 같은 집단무의식에 저항하는 것이 개인무의식이다. 나중에 집단무의식으로 발전하기도 한다. 그 과정에서 개인들은 무의식적인 욕구, 요구, 좌절, 억압, 그림자, 충동의 과정을 수없이 반복한다. 이러한 상황을 빗대어 라캉은 상징계, 실재(계), 상상계라 했다. 헤겔은 변증법을 통해 正 反 合을 내세웠다. 이것들을 잘 정리하면 무의식, 전의식, 자아, 초자아로 갈무리된다. 더 나아가면 프로이트의 리비도로 귀착되는 것이다.

이때 발생하는 그림자, 실재(계), 反 들은 반항, 저항, 부정, 해체로 전개된다. 모두 초자아와 충돌하는 것이다. 이를 창조적 파괴라 한다. 경우에 따라 초현실적이라고도 한다. 이러한 초현실은 지극히 개인적이기에 그 이미지가 초자아로 통합되지 않는다. 대부분 개별적 특징을 가지고 있다.

그것들은 개인적이기에 그만큼 표현의 폭이 넓고 깊다. 그러한 표현 방식들을 예술성이라고 라캉이 말했다. 예술성은 개인화이며 초자아로부터 억압받고 소외당한 주체의 그림자다. 무의식에서 튀쳐나온 충동이고 폭력성인 것이다. 소설의 주인공들이 대부분 비정상인 게 그 증거다.

그렇기에 예술성은 창조하는 예술인의 무의식이라 말한다. 개인적이며 다양한 가치를 표현하는데 이때 낯설어야 한다. Aura를 보여주는 것이다. 낯설지 않은 Aura는 없다. Aura를 추구하는 작가가 진정한 예술가라 하겠다. 이는 공동체인 초자아를 부정하는 것이며 이미 설정된 초자아적 이미지조차 해체하는 작업이라 하겠다.

이처럼 저항하는 개인적인 무의식들의 모습을 글로 담아내는 게 문학이다. 그렇기에 문학은 부정의 미학인 것이다. 초자아 부정, 이미지 부정, 인간을 부정하며 자신마저 부정하는 것이다.

이를 통틀어 비극적이라 말한다.

부정은 해체와 동의어다. 무의식은 초자아를 해체하려 하고 초자아는 무의식을 억압하는 것이다. 이때 짓밟히는 대상을 살펴본다. 기득권보다는 상실한 자들이 남자보다는 여성들이 성인보다는 미성년들이 양지보다는 음지가 소외당하는 것이다. 일반적인 것보다 새로운 것들이 늘 외면당한다.

이처럼 변하지 않으며 다양한 개인적 특질들을 억압하는 초자아가 매너리즘이다. 절대로 변하지 않으려 하며 창의성을 거부하는 이미지다. 개인적 특질인 창조성을 짓밟으며 기득권을 놓지 않으려 군림하는 가치이다. 오랫동안 변하지 않고 지탱하려는 불변의 관성을 매너리즘이라 하겠다. 그 대표적인 예로 공권력을 들 수 있겠다.

그런 매너리즘과 소설의 관계를 살펴보겠다. 소설에는 윤리나 비윤리가 없다. 창조성만 있을 뿐이다. 그게 좋은 소설의 기본이다. 그 창조성을 거부하거나 이해하지 못하는 것도 매너리즘이다. 그러한 매너리즘을 포장하는 것이 윤리이며 도덕이다.

매너리즘을 해체하는 개념이 창조성-Aura라 하겠다. 매너리즘 극복 의지가 없으면 소설가로서 자격 미달인 셈이다. 이러한 매너리즘 극복 의지를 자유라 말하겠다. 소설가로서 자기만의 글을 쓰려는 자유 의지다. 이 자유를 두고 작가의 진정성이라 말한 이가 있다. 작가의 실존은 능력이 아니라 발휘라는 거라 했다. 폴 리쾨르의 명제를 소개한다.

> 실존은 능력으로써 자유에 머물지 않는다. 자유는 내 능력을 특정 환경에서 발휘하는 문제, 자기 자신의 진정성을 드러내는 것이다.[54]

폴 리쾨르는 어떤 현상에 의미를 부여하는 게 서술이라 했다. 그 현상의 사실관계를 법칙으로 규정화하는 건 진술이라[55] 했다. 여기에서 전자의 서술은 묘사, 후자의 진술을 설명이라 하겠다. 이러한 묘사와 진술의 조합이 문학인 것이다.

리쾨르의 말에 의하면 어떤 주체의 실존적 진정성은 능력의 여부가 아니라 악조건에서 능력을 발휘하는 데 초점을 둔다는 것이다. 그럴 때 주체의 행위에 실존적 가치가 주어진다는 의미이리라. 이 또한 무엇이라는 의미-시니피에보다 어떻게 행동한다는 데-시니피앙에 가치를 부여한 것이다. 의미보다 행동 양식인 언어에 실존적 진정성을 투사한 것이다. 이 언어-시니피앙이

---

54) 이양수 저, 『폴 리쾨르』, 커뮤니케이션북스, 2016, 12쪽.
55) 위의 책, 33쪽.

작가 자신만의 언어-Aura인 것이다.
소설 채식주의자도 다르지 않다.

> 그녀는 천천히 그들에게서 몸을 돌려 베란다 쪽으로 다가갔다. 미닫이 문을 열어 찬바람이 일시에 밀려들어오도록 했다. ~ 그녀는 베란다 난간 넘어로 번쩍이는 황금빛 젖가슴을 내밀고, 주황빛 꽃잎이 분분히 박힌 가랑이를 활짝 벌렸다. 흡사 햇빛이나 바람과 교접하려는 것 같았다.(145~146)

윗글은 영혜가 언니, 자신과 형부를 구금하러 온 정신병원 앰블런스, 베란다 밑에 몰려든 동네 사람들, 햇빛, 바람 들 앞에서 자신의 실존을 완성한 것이다. 인간 여자가 아니라 나무, 이파리, 꽃으로서 자신의 진정성을 드러낸 것이다. 리쾨르의 말과 맞아떨어지는 이미지라 하겠다.

한강 소설가가 육식 거부로 가부장제 해체를, 몽고반점과 꽃그림의 동일시로 인간 해체를, 나무가 되려는 의지로 자신을 부정하는 창조성-Aura를 자신만의 시니피앙으로 발휘한 것이다. 영혜를 내세워 육식을 빙자한 남성의 폭력성을, 자연을 지배하려는 인간 탐욕을, 이웃보다 나를 절대시하는 아집의 부정과 해체를 묘사한 것이다.

한강 소설가는 현실적으로 잘 이루어지지 않거나 불가능한 이미지들을 채식주의자에서 낯설게하기로 이루어낸 것이다. 초자아라는 매너리즘에 저항한 것이다. 이를 문학적으로 부정의 미학이라 한다. 이를 비도덕적이라는 시각으로 바라보는 게 매너리즘은 아닐지 되돌아볼 필요가 있겠다.

소설에서 탈 매너리즘은 소설가의 본질이어야 한다. 문학은 서로 상관없는 단어나 이미지를 동일시하는 작업이고 그렇기에 결과물은 반드시 낯설 수밖에 없다. 이러한 과정을 열정적 창작이라고 말할 수 있으리라. 열정에는 반드시 Aura가 전제되어야 하겠다.

이때 Aura의 중심은 언어다. 문학은 언어 예술이기에 두말할 필요가 없는 사안이다. 언어가 지시하는 의미는 Aura와 거리가 멀다. 이미지-언어가 내포한 의미는 세상 모든 곳에 이미 모두 존재한다. 이를 시니피에(signifier)라 한다.

그것들의 연결 과정이며 작업의 기호적 산물인 시니피앙(signifiant)은 어디에도 이미 존재하지 않아야 한다. 오로지 창작자만의 몫이어야 한다. 이미 존재한 어떤 이미지와 이미지를 새롭게 연결하는 과정이다. 이를 발화(parole)라 하겠다. 이때 이미 존재하는 무언가와 똑같거나 비슷한 결과물을 내놓는다면 그건 창작이 아니라 복제로 보아야 한다.

이쯤에서 짚을 게 하나 있다. 복제와 자기만의 언어. 그 둘의 차이다. 세상에는 셀 수 없이 많은 단어와 문장들이 존재한다. 책들도 세상의 나무 숫자만큼은 될 것이다. 이것들은 이미 낯익고 죽은 언어들이다. 그 언어의 묘역에 낯선 언어가 있겠느냐는 의구심이 들겠다. 책과 죽음에 관한 시를 소개한다.

> 시체 같은 수많은 책들이
> 고대 미라처럼 깊이 잠자는
> 먼지 날리는 강둑 위에
> 팔리지 않는 인체해부도
>
> 〈94. 밭가는 해골〉 중 일부[56]

윗글은 보들레르가 쓴 시의 일부분이다. 그는 책들을 시체라고 더 나아가 인체해부도라 은유화했다. 이미 죽어 없어진 자들이 써놓은 책들을 시적으로 상징화한 것이다. 이 이미지야말로 낯설게하기라 하겠다. 이와 유사한 시니피앙이 또 있다. 사르트르가 한 말이다.

---

56) 보들레르 저, 박철화 역, 『악의 꽃/파리의 우울』, 동서문화사, 2014, 156쪽.

서재만큼 기분 좋은 묘지는 달리 없을 것이다. 묘지에는 죽은 사람들이 있다. ~ 그것은 나중에 죽은 자가 먼저 죽은 자들에 대해 쓴 것이다.[57]

위에서 말하는 '수많은 책이 고대 미라 같다'라거나 '나중에 죽은 자가 먼저 죽은 자들을 언급했다'라는 말은 죽은 언어도 포함한 것으로 보아야 한다. 이미 누군가 앞서 쓴 문장이나 문체는 죽었다는 의미이리라.

그렇기에 소설가는 낯설게하기를 내세운 자기만의 언어로 가야 한다. 자기만의 언어란 언어의 새로운 조합을 일컫는다. 이를 문장에 이어 문체라 하겠다. 문체란 죽음의 늪 같은 언어들 묘지에서 하나둘 건져낸 단어와 문장들을 조합해 새로운 이미지를 만들어내는 일이다. 그게 열정적인 창조의 결과물이며 Aura다.

그걸 열정적인 창작으로 보는데 그 작가에게 시니피에는 없다. 작가의 손끝에는 시니피앙만 살아 꿈틀거린다. 이는 죽은 언어를 살아 숨 쉬는 언어로 바꾸는 창조적 행동이다. 이를 두고 문체라 하는데 작가가 독자에게 드러내는 자신만의 언어인 것이다.

---

57) 장폴 사르트르 저, 앞의 책, 39쪽.

작가는 말이 행동임을 알고 있다. 그는 드러낸다는 것은 바꾼다는 것이며, 드러냄은 오직 바꾸기를 꾀함으로써만 가능하다는 것을 알고 있다.[58]

이때 시니피에는 작가와 상관없이 독자의 몫이다. 만일 작가가 시니피에를 염두에 두고 시니피앙을 써 내려간다면 이보다 더한 매너리즘은 없을 것이다. 독자의 공간을 침해한 작가로 기억될 것이다. 이 또한 문체의 영역에 포함된다.

우리는 의미를 그림으로 그릴 수도, 음악으로 꾸밀 수도 없는 것이다. 그런 이상 누가 감히 화가나 음악가에게 참여하기를 요구할 수 있단 말인가?[59]

윗글에서 사르트르가 말한 명제의 뒷부분 참여란 앞부분 의미와 동의어라 여기기에 충분하다. 위에서 사르트르가 말한 의도를 집약하면 문체로 귀결된다. 결국에 책을 펴내는 작업은 새롭게 바꾸는 작업의 결과로 탄생한 문체여야 한다는 것이다. 여기에서도 사르트르는 문체와 의미를 즉, 문체와 주제의 관계를

---

58) 위의 책, 31쪽.
59) 위의 책, 17쪽.

정립했다.

　하기야 주제에 따라 어울리는 문체가 있다는 것은 사실이지만, 주제가 반드시 어떤 문체를 결정하는 것은 아니다. 문학의 기법을 넘어서 선험적인 것으로 간주될 만한 문체란 존재하지 않는다. ~ 유일한 문제는 문체를 찾아내는 데 있다. 사상은 뒤따라온다. ~ 사회적인 것과 형이상학적인 것에서 유래하는 늘 새로운 요청은 예술가로 하여금 새로운 언어와 새로운 기법을 찾아내도록 하는 것이다. 오늘날 우리가 17세기에서와 같이 글을 쓰지 않는 것은, 라신이나 셍테브르몽의 언어로서는 기관차나 프롤레타리아의 이야기를 할 수 없기 때문이다.[60]

　이처럼 엉뚱한 이미지와 이미지를 동일시하는 작업은 낯설어야 창작의 범주에 들어간다. 이러한 작업이 언어로 이루어지며 문자로 표기하는 방식이기에 문학이라 한다. 잘 쓴 문학은 낯선 문체가 결정하는 것이다.
　이미 낯익은 시니피앙-langue들을 낯설고 이질적인 색다른 시니피앙으로 발화-parole화하는 작업이 유일해야 하기에 예술

---

60) 위의 책, 36~37쪽.

로, 예술가로 인정받는 것이다. 이때 시니피에-의미는 유일할 수 없기에 무의미하다. '탈의미화'라는 파생어가 만들어진 동기인 것이다. 이처럼 문학에서 유일한 것을 일회적 현존성이라 한다. 이를 발터 벤야민은 Aura라 했다. 그렇지 않은 것들은 복제품이라 했다.

> 예술작품이 지니는 유일무이한 현존성, 다시 말해 예술작품이 위치하고 있는 장소에서 그 예술작품(만)이 지니는 일회적 현존성이다. ~ 이러한 분석은 복제품에서는 이루어질 수가 없다. ~ 복제에서 빠져 있는 예술작품의 유일무이한 현존성을 우리는 분위기(Aura)라는 개념을 가지고 ~ 예술작품의 기술적 복제가능성의 시대에서 위축되고 있는 것은 예술작품의 Aura다.[61]

윗글에서 언급된 일회적 현존성이 진정한 창작에 대한 벤야민의 관점일 것이다. 이어 벤야민은 '현대인의 지각 작용의 매체에서 일어나고 있는 변화를 Aura의 붕괴로 파악한다면'[62]이라 했다. 그도 예술작품 복제 시대를 눈앞에 두고 우려하는 바가 큰 듯하다.

---

61) 발터 벤야민 저, 반성완 역, 『문예이론』, 민음사, 2009, 200-202쪽.
62) 위의 책, 203쪽.

①안광 저, 「이순신과의 동침」

이처럼 복제가 우려되는 시대이지만 그런 걱정을 다 털어내버리는데 도움 주는 소설이 있어 한 부분을 소개한다. 이순신 장군과 관련되는 단편소설이다.

얼마나 달아났을까. 경찰이 쫓아오지 않는다는 것을 깨닫고 우리는 인적 하나 없는 어두운 골목길을 터벅터벅 걸어가기 시작했다. ~ 장군은 희미한 가로등불 밑에 고개를 구부정하게 숙이고 두툼한 손으로 간단히 공중전화기를 부숴뜨렸다. 종이 뭉치처럼 쭈그러진 전화통에서 백 원짜리와 십 원짜리 동전들이 쨍그렁 쨍그렁 땅바닥으로 떨어졌다. 장군은 동전이 잘 떨어지도록 전화통을 자꾸 흔들었다. ~ 장군의 모습은 좁은 골목을 지나오느라 갑옷 여기저기엔 연탄재가 묻고 배추이파리와 시래기 줄기가 지저분하게 말라붙어 있었으며 생선 썩는 냄새까지 풍기고 있었다. ~ 간신히 좌대에 기어올라간 장군은 두 발로 체중을 버티며 기우뚱 기우뚱하는 상체와 부들부들 떨리는 장딴지를 지그시 눌러 부동의 자세로 돌아가기 시작했다. ~ 장군은 원래의 모습으로 천천히 굳어갔다.[63]

---

63) 안광 저, 『성난 타조』, 「이순신과의 동침」, 실천문학, 2011, 114~115쪽.

한국 사람이라면 누구나 어릴 적 이순신 장군에 대한 추억이 있다. 대부분 위대한 영웅이거나 성웅 이순신이다. 이 소설의 화자도 성인이 되어 이순신 장군과 함께 노닐던 그때가 가장 귀중한 시절인 것을 회상하는 것이다.

그런데 이순신 장군이 경찰에 쫓기고 공중전화 동전을 털고 몸을 버티려 부들부들 떠는 것이다. 또 임진왜란 시절 이순신 장군을 21세기에 등장시키려 이순신 장군이 빙의한 장군의 동상을 동원하는 것이다. 환타지 소설로 봐야 할 것이다.

임란 때 이순신 장군은 소시민들 편이었다. 이 시대에 장군이 소생한다면 역시나 소시민 편일 것이다. 이 소설의 작가는 소시민인 그중에서도 더 소외받는 청년을 위해 헌신하는 것이다. 어려운 누군가를 돕다가 경찰에 쫓기는 장군. 그러다 공중전화 통에서 동전을 훔치는 장군.

반어법이며 모순어법이고 충돌어법이다. 지금껏 듣지도 보지도 못한 시니피앙인 것이다. 이러한 상징성은 우리의 체질에 이미 익숙해진 매너리즘이 아니다. 탈 매너리즘이라 해야겠다. 낯설게하기 이미지이며 일회적 현존성일 것이다. 이 소설만의 Aura라 하겠다.

이러한 관점에서 채식주의자에 나오는 몽고반점을 관찰해야 한다. 랑그를 파롤로 전환하는데 있어 낯설게하기와 Aura와 관련된 언급이다. 이와 관련해 참고할 만한 시니피앙이 있어 거듭 소개한다.

프랑스의 '로맹 가리'[64]를 두고 하는 말이다. 그는 '에밀 아자르'로도 불린다. 그는 1956년 콩쿠르상을 받았다. 이 상은 한 작가에게 한 번 만 주는 상이다. 시간이 흐르자 프랑스 문단에서 '로맹 가리'라는 이름이 퇴색되어갔다. 이를 극복하고자 그는 '에밀 아자르'라는 이름으로 『자기 앞의 생』을 발표했다.

그걸 모르는 프랑스 문단은 1975년 '에밀 아자르'에게 콩쿠르상을 수여했다. 그는 스러져 가는 자신의 작가적 위상을 가명을 써서 새로운 자기만의 언어로 회복한 것이다. 그가 쓴 자전적 소설 『가면의 생』에 나오는 문장을 아래에 인용한다.

> 나는 나 자신에게 전혀 낯선 언어를 만들어내기 위해 연구했다. 그런 언어를 만들어낸다면 고통의 원천으로부터, 나를 에워싼 단어들로부터, 내적 외적 압박으로부터 확실하게 벗어날 수 있으리라는 생각에서였다.[65]

---

64) 1914 모스크바 생, 14세 프랑스 이주, 1956년 『하늘의 뿌리』 1975년 『자기 앞의 생』 콩쿠르 상 수상, 1980년 권총 자살.
65) 에밀 아자르 저, 김남주 역, 『가면의 생』, 마음산책, 2017, 32쪽.

이처럼 로맹 가리는 자신의 기존 언어에서 벗어나기 위해 스스로를 압박했다. 이야말로 진정한 작가 정신이라 하겠다. 그 결과 에밀 아자르로『자기 앞의 생』이라는 자신만의 낯선, 새로운 언어를 창조해 낸 것이다. 그는 새롭게 창조한 자신만의 언어로 문학적 생애에 승부수를 던졌다.

그는 마지막에 권총으로 자살했다. 이 또한 부정의 미학이라 하겠다. 자신을 부정한 것이다. 에밀 아자르라는 가명도 로맹 가리라는 이름도 부정한 것이다. 세상에 태어난 한 인간, 로맹 가리라는 한 남자, 에밀 아자르라는 한 소설가, 자살과 죽음 들을 몽땅 부정해 버린 것이다. 부정들의 목적물인 한 인간에 대한 의미를 해체한 것이다.

로맹 가리는 권총 자살로써 자신의 Aura에 승부를 걸었다. 끝까지 자신의 매너리즘을 부정하고 해체한 것이다. 그 죽음으로 그는 자신과의 싸움에서 지배당하지 않은 것이다. 권총 자살은 자신의 삶에 낯설게하기를 던진 충격적인 승부수인 것이다.

채식주의자 영혜도 다르지 않다. 육식 거부에서 안티 코르셋으로써 옷을 입지 않고 굴에서 살며 몸에 꽃을 그렸다. 암술로서 형부나 남자가 아닌 수술을 받아들이고 창틀에 올라 햇살에 몸을 맡겼다. 병원에서 살아 숨 쉬는 새를 물어뜯고 산속에서 물구나무를 서며 거식을 단행했다.

　부정의 연속이며 해체의 시련이 끝없이 이어졌다. 어쩌면 인간들이 잊고 사는 무의식의 본질을 이미지로 보여준 거라 하겠다. 한강 소설가가 걷고 싶은 인간 파괴의 길이기도 하겠다. 채식주의자에는 그러한 승부수가 엿보인다.

　이러한 승부수는 인간에게만 존재하는 것이 아니다. 그러한 사례가 흔하지는 않다. 하지만 자연에서 찾아볼 수 있다. 아름다운 노래를 부르는 새들의 사연을 소개하고자 한다. 다윈의 진화론과 관련된 이야기다.

　　제노베사 섬에서 그랜트 부부를 놀라게 한 현상이 한 가지 더 있었는데, 짝짓기에 성공한 수컷들 중에서 '같은 노래를 부르는 수컷'이 한 마리도 없었다는 것이다. 반면에 짝을 짓지 못한 홀아비 수컷들의 경우, A가수 옆집에 A가수가 살거나 B가수 옆집에 B가수가 사는 경우가 많았다. 이는 암컷들이 '이웃 남자와 다른 노래를 부르는 남자'를 선택했음을 의미한다. ~ 수컷을 먼저 선택할 수 있는 암컷들은 이웃(가장 가까운 곳에 사는 라이벌)과 다른 노래를 부르는 수컷을 선택하는 경향이 있다.[66]

---

66) 와이너 저, 양병찬 역, 『핀치의 부리』, 동아시아, 2017, 298~299쪽.

윗글은 인간들이 미물이라고 일컫는 핀치새들의 생존 모습이다. 핀치는 갈라파고스 제도의 대프니메이저 섬에 사는 동물들 중 한 개체이다. 다윈이 발견해 다윈 핀치라 부르기도 한다. 암컷 핀치들이 수컷 핀치들이 부르는 노래의 아우라를 알아내는 특질을 지녔다는 시니피앙이다. 한 수컷 새가 경쟁자인 다른 수컷들이 부르는 노래와는 다른 자기만의 노래를 부른다는 것이다. 수컷 핀치는 암컷과 짝짓기를 위해 승부수를 던진 것이다. 구애의 시니피앙인 것이다.

노래는 음악에 속하는 예술의 한 장르이다. 문학도 악기나 물감과 붓 대신 글로 하는 예술이다. 예술에서는 독창성이 생명이나 다름없다. 작가로서 자기만의 언어, 자기만의 시니피앙인 것이다.

수컷 핀치새는 구애가 담긴 자기만의 노래를 불렀다. 세레나데에서 암컷 핀치새들은 수컷이 지닌 자기만의 독창성을 알아들은 것이라 할 수 있다. 암컷은 수컷의 Aura를 읽어낸 것이다. 이를 두고 핀치새들의 예술적 성향이라 해도 무리는 아닐 것이다.

> 늘 새로운 요청은 예술가로 하여금 새로운 언어와 새로운 기법을 찾아내도록 하는 것이다.[67]

---

67) 사르트르 저, 앞의 책, 37쪽.

소설 채식주의자의 시니피앙들도 예술적 언어라 할 수 있다. 한강 소설가만의 독창적인 언어이기 때문이다. 낯설게하기를 시도한 것이고 작가로서 지향해야 할 가장 큰 덕목인 것이다.

이 시니피앙을 외설이나 비도덕적 관점으로 바라보는 것은 바람직하지 않다. 그것은 수컷 핀치가 부르는 세레나데를 엉큼하고 부도덕한 성추행으로 치부하는 것과 다르지 않을 것이다. 이를 바탕으로 채식주의자를 더 탐색하자.

채식주의자에 나오는 '몽고반점'과 피부에 그린 '꽃'들은 서로 아무런 관련이 없다. 그러한 각각의 단어를 작가의 상상력이 '몽고반점과 꽃'이라는 한 묶음으로 연결한 것이다. 두 단어가 몽땅 그려져 새롭게 하나로 발화(parole)한 것이다.

이때 시니피앙에서 숨은 시니피에를 인식하는 것이다. 시니피앙이, 스토리텔링의 시니피에를 결정짓는 것이다. 시니피앙이 스토리텔링의 핵심이라 하겠다. 문학에서 시니피에는 중요하지 않다. 시니피앙이 꽃 그 자체인 것이다. 앞서 언급한 사르트르의 '문학이라는 사물은~'이라는 말과 같다.

이러한 이질적인 시니피앙들을 동일시한 창작 작업은 독자들에게 낯설어야 한다. 이때서야 발터 벤야민이 말한 Aura 향기가 짙게 밴 문학이 탄생할 것이다. 벤야민의 말대로 거의 유일무이한 즉 일회적 현존성이라 할 것이다. 이제 그 Aura를 촛불 삼아 한강 소설가의 시니피앙을 비추어본다.

①여인의 엉덩이 가운데에서 푸른꽃이 열리는 ~ 처제의 엉덩이에 몽고반점이 남아 있다는 사실과 ~ 작고 푸른 꽃잎 같은 점을 엉덩이 가운데 찍으며(74)

②그는 숨을 죽인 채 ~ 천사의 미소라고 불리는 ~ 반점은 ~ 몽고반점이었다. 그것이 태고의 것, 진화 전의 것, 혹은 광합성의 흔적 같은 것을 연상시킨다는 것을 ~ 식물적인 무엇으로 ~ 몽고반점으로부터 ~ 알몸을 전체적으로 보았다.(101)

③목덜미에서부터 꽃을 ~ 몽고반점이 있는 왼쪽 엉덩이는 ~ 연한 꽃잎 그림자 같은 ~ 성욕이 아니라 ~ 근원을 건드리는 ~ 감동이었다.(102~103)

④그는 ~ 이제 동서라고 부를 필요도 없게 된 ~ 그는 그녀의 몽고반점을 알기나 했을까. ~ 그것은 모욕이라고, 더럽힘이라고, 폭력이라고 느꼈다.(105~106)

⑤뼈만 남은 엉덩이 가운데 찍힌 또렷한 연두빛의 몽고반점에 그녀(언니)의 시선이 머문다. 그곳에서부터 온몸으로 번지듯 퍼져나가 있던 꽃들의 형상이 ~ (183)

윗글들이 아니더라도 한강 소설가가 몽고반점을 꽃으로 발화시킨 상상력은 채식주의자 본문에 더 많이 들어있다. 채식주의자는 한강 소설가만의 상상력이 담긴 시니피앙이다. 이처럼 다른 작가들이 생각해 내지 못한 그래서 유일무이한 작업을 일회적 현존성 창작이라 하겠다.

발터 벤야민이 말한 '그 예술작품(만)이 지니는 일회적 현존성'이리라. 채식주의자의 몽고반점은 그러한 Aura를 보여주는 창이다. 이질적인 몽고반점과 꽃나무가 처제와 형부의 몸을 통해 동일시되는 것이다.

이러한 소설적이며 창조적인 몸부림을 '외설'이라고 말하는 건 단순한 안목인 것 같다. 낯설게하기-Aura가 어떻게 발화(parole)됐는지 음미할 필요가 있는데도 말이다. 이러한 소설 채식주의자의 Aura는 핀치새의 세레나데처럼 널리 울려 퍼질 것이다.

> 작가는 자기의 정신적 산물을 문자 그대로 독자의 〈심사〉에 내맡기는 것이다. 그러면 독자는 자기가 적극적으로 지지하는 가치에 따라 작품을 판단했다.[68]

윗글에서 '작가의 정신적 산물'은 Aura일 것이다. '독자가 적극

---

68) 위의 책, 123쪽.

적으로 지지하는 가치'는 의미화일 것이다. 전자는 언어의 시니피앙이고 후자는 언어의 시니피에로 이해된다. 사르트르가 문학작품을 작가의 몫, 독자의 몫으로 분리했다. 시니피앙은 작가 몫이고 시니피에는 독자 몫이라는 것이다. 작가는 독자 몫을 독자의 공간을 배려해야 한다는 말로 이해가 된다.

그 말을 뒤집어 말하면 작가는 독자의 눈치를 볼 필요가 없다는 말이기도 하다. 작가가 독자를 의식하며 글을 쓸 필요가 없다는 것이다. 독자의 몫은 그냥 독자에게 떠넘기라는 뜻이기도 하다. 한마디로 독자를 무시하라는 말이 된다. 그러한 작가의 시니피앙에 독자가 자신의 수준대로 시니피에를 투사하는 것이다. 그게 바로 독자의 몫이라 하겠다. 사르트르의 주장이기도 하다.

3) 옷을 벗어

소설 채식주의자에 "옷을 벗어"라는 대화체가 나왔다. 밀란 쿤데라의 소설 참을수없는에서는 '벗어요!' '벗어!'(77, 235)로 나온다. 그의 장편소설 『느림』(이하 '느림'이라 한다)에 「너도 옷을 벗어!」가[69] 나온다.

---

69) 밀란 쿤데라 저, 김병욱 역, 『느림』, 민음사, 2006, 120쪽 134쪽.

이처럼 옷을 벗는, 옷을 벗게 하는 이미지들은 한강 소설가의 것과 밀란 쿤데라의 것이 서로 닮았는데 또 서로 다르기도 하다. 채식주의자는 형부 말에 따라 영혜가 처음으로 옷을 벗고 형부가 몸에 꽃을 그린다(100). 두 번째로 옷을 벗은 영혜는 형부 후배 J와 더불어 몸이 엉켜지고 형부는 촬영한다(125). 이 모티프는 뒤에 형부와 영혜가 벌일 사건의 복선이기도 하다.

쿤데라가 쓴 참을수없는의 주인공 토마스는 바람둥이다. 맘에 드는 여자랑 눈만 맞으면 함께 발가벗고 침대에 드러눕는다. 그에게 오래된 애인이 있다. 화가 사비나다. 아내 테레사가 남편의 애인 사비나를 찾아간다. 그리고 사비나의 나체 사진을 찍는다.

> 테레사에게 카메라는 토마스의 애인을 관찰하는 기계 눈인 동시에 자신의 얼굴을 가리는 베일 구실을 했다. 사비나가 가운을 벗기로 결심하는 데까지 오랜 시간이 걸렸다. ~ 그녀는 테레사에게 다가와 「이제 내가 당신의 사진을 찍을 차례예요, 벗어요!」 하고 말했다. 사비나가 토마스의 입에서 수없이 들었던 〈벗어!〉라는 말은 그녀의 머릿속에 새겨져 있었다. (토마스의)정부가 (토마스의)부인에게 지금 한 말은 토마스의 명령인 셈이다. 이렇듯 두 여자는 똑같은 마술적 표현으로 연결된 것이다. ~ 그는 ~ 테레사에게도 ~ 종종 〈벗어!〉라고 명령하곤 했다. ~

그녀(테레사)는 그 말에 복종하는 것만으로도 항상 흥분했다. 그런데 그녀는 방금 (사비나한테) 똑같은 말을 들었고, 그녀의 굴종하고픈 욕구는 더욱 컸다.[70]

그녀(사비나도 아니고 테레사도 아닌)가 두 번째로 그를 초대했을 때 ~ 그는 평소에 하던 말을 그녀에게 했다. 「벗어!」, 그러나 그녀는 복종하지 않고 「아니요, 당신이 먼저요」라고 명령했다. 그는 이것에 익숙지 않아 잠깐 당황했다. 그녀는 그의 바지 단추를 열기 시작했다. 「벗어!」라고 그는 몇 차례나 강조했지만 (그의 명령이 먹혀들지 않는 것이 희극적이었다), ~ 그가 ~ 순순히 받아들일 따름이었다.[71]

윗글들은 참을수없는에 나오는 모티프들이다. 여자가 남자로부터 벗어! 라는 말을 들었을 때 굴종인가 아닌가의 관점에 쏠려 있다. 그와 달리 채식주의자에 나오는 모티프들은 자연을 지향하는 그래서 예술적으로 승화하려는 '옷을 벗어'들이다. 이제 참을수없는을 쓴 밀란 쿤데라의 다른 소설 '느림'에 나온 모티프들을 소개한다.

---

70) 쿤데라 저, 앞의 책, 76~77쪽.
71) 위의 책, 235쪽.

「목욕을 해야겠어」, 그는 쥘리에게 통고하고서 … 쥘리가 그에게 달려온다. 「목욕을 해야겠어」, 다시 한 번 말하며 그가 바지를 벗어 던진다. 「너도 옷 벗어!」[72]

묘한 딜레마―나체는 가치 가운데 가장 큰 가치를 상징하는가, 아니면 적의 집회 위로 배변 폭탄처럼 내던지는 가장 더러운 오물을 상징하는가? 또 그것은 쥘리에게, 「너도 옷 벗어!」라 거듭 말하며 「헛방아 찧는 놈들이 보는 앞에서 일대 해프닝을 벌여보자!」라고 덧붙이는 뱅상에게 과연 무엇을 표상하는가? 그리고 고분고분하게, 어떤 열의까지 보이며, 「왜 안 벗겠어」라 말하는, 그러면서 원피스 단추를 푸는 쥘리에게는 무엇을 표상하는가?[73]

느림에서는 여자가 옷을 벗는 것에 대한 가치를 규정하고자 하는 의도가 엿보인다. 그런데 여자의 나체가 더러운 오물이라니, 이건 극심한 폄하인 듯싶다. 참을수없는에서는 토마스가 바라는 대로 여자들이 옷을 벗는다. 느림에서도 결국에는 남자의 바람대로 여자가 옷을 벗는다. 그런데 마음대로 벗기고 싶거나

---

72) 쿤데라 저, 앞의 책, 120쪽.
73) 위의 책, 134쪽.

벗겨놓고서 저건 뭐야? 하는 남성적 시선이 바람직하나? 의문스럽다.

인간은 원래 옷을 입지 않았다. 애초에는 옷이 없었다. 그래서 안 입었다. 아니, 안 입는다는 개념도 없었다. 꽃이 그렇다. 꽃이 옷을 입는가? 흔히 껍질이나 이파리로 몸을 가린다고 표현한다. 그 껍질이나 이파리도 몸이다. 사람이 홀라당 발가벗은 몸을 제 손바닥으로 가리면 그 손은 가림막인가? 몸이 아닌가? 지구상에 존재하는 생명체 중 몸을 가리는 종은 인간이 유일하다. 그것을 두고 인간은 스스로 고등동물이라 합리화한다. 그런데 벗으면 왜 창피하지? 이해가 잘 안 되는 부분이다.

밀란 쿤데라의 두 소설에서도 여자의 옷을 벗긴다. 그리고 벗은 몸보다는 어떤 표상인지에 관심이 더 많다. 두 소설은 남자들 바람대로 여자들이 옷을 잘 벗는다. 그리고 여성의 나신을 대하는 관점은 남성적 편견이다. 필자는 그게 잘못이라고 말하는 게 아니다. 뻔한 이야기라서 지적한다.

프로이트가 말한 리비도의 범주 안에서 논다는 걸 말하고 싶은 것이다. 채식주의자에서는 밀란 쿤데라의 소설들과 다르게 표현했다. 리비도의 한계를 뛰어넘은 것이다. 옷을 벗는 게 자연스럽고 예술적이다.

밀란 쿤데라의 말대로 여성의 나신이 어떤 표상이라고 한다면 한강 소설가가 보여준 여성의 나신은 그와 차원이 다른 시니피앙이다. 자연을 이야기하며 그 때문에 여자가 옷을 벗는 것의 무의미를 보여주었다. 어떻게 보면 여자가 옷을 벗는 게 의미가 왜 필요하냐는 항변일 수 있다.

브래지어를 싫어하고 육식을 거부하고 옷을 벗은 다음, 몸에 꽃을 그리는 작업은 만물의 자연스러움을 그려낸 것이라 하겠다. 쿤데라의 소설 속 여성의 나신에 어깃장을 놓는 상징일 가능성이 높다. 영혜 나신은 쥘리 나신의 대척점에 놓인 이미지라 하겠다. 쥘리 나신과 지향하는 바가 다르다.

그것은 소설 밖 독자인 남성들에게 던지는 메시지이기도 하다. 여성의 알몸을 성욕의 눈으로만 보는 당신은 뭐하는 거야, 라는 메시지일 가능성이 많다. 어쩌면 밀란 쿤데라를 향한 반향적 랑가주일 것이다. 한강 소설가는 그걸 의도하지 않았을 수도 있다. 그럼에도 소설적 장치가, 이미지가, 문학적 표현이 쿤데라와 대칭적이다. 이는 한강 소설가의 작가 정신이고 고유한 자기만의 언어며 Aura인 것이다.

제 마음대로 여성들의 옷을 벗기고 싶거나 벗겨놓고서 저건 뭐야? 하는 남성들의 시선, 여성을 속박하려는 욕망을 넘어서 이젠 여성의 옷까지 지배하려는 남성들의 강압적 발상이 밀란 쿤데라의 소설에는 녹아 있다. 거기에 反하는 이미지가 채식주의자에 나오는 영혜의 알몸이다.

  저항이란? 불합리한 억압에 항거하는 것쯤으로 개념을 정리해 본다. 하지만 그게 전부는 아니다. 현존하는 상징이나 이미지를 비틀어 새로운 모습으로 탈바꿈하고자 하는 의도 또한 저항이다. 헤겔의 변증법 正·反·合 중 反에 해당된다. 이때 反은 파괴적 반항이 아니다. 새로운 이미지를 창조하고자 하는 선순환 구조다. 이러한 작가의 저항 의식에 관한 언급을 소개한다.

> 작가는 지상에서 최대의 극적 효과를 발휘할 수 있는 소재를 선택하는 본능이 있지만, 이 소재가 소용없게 되거나 이미 그 이상 발전시킬 수 없는 한도까지 이용되어버리면 작가는 새로운 방법을 선택한다[74]

  윗글은 본고에 서술된 채식주의자에 대한 필자의 생각이 합리적이라는 근거로 삼기에 마땅하리라 여긴다. 한강 소설가는 여자가 옷을 벗는 밀란 쿤데라의 모티브에 反하는 이미지를 채식주의자 형부와 영혜를 통해 창조했다. 어쩌면 밀란 쿤데라에게 동조하는 독자들에게, 더 구체적으로 말하자면 불특정 다수의 남

---

74). 콜린 윌슨 저, 이성규 역, 『아웃사이더』, 범우사, 1997, 122쪽.

성들에게 보내는 한강 소설가의 메시지일 수 있다. 부정의 미학이며 카타르시스를 보여주는 장치라 하겠다.

4) 처제와 형부는 어떤 사이인가

인간은 스스로 초자아인 규범으로 살아가기에 사회적 동물이라 한다. 이러한 공동체의 삶은 친인척을 중심으로 이어나간다. 사회적 관계망인데 지구상에서 거의 인간만이 지닌 특성이라 하겠다.

조류, 포유류, 곤충 들 중 극소수가 사회적 관계망을 구축하고 있긴 하다. 그러나 인간들의 사회상과는 비교가 안 될 만큼 협소하다. 인간이 지닌 초자아가 방대한 탓이리라.

채식주의자에서 형부와 처제가 걸버무린[75] 일은 초자아의 관계망을 파괴한 행위로 봐야 한다. 두 사람의 관계는 인척이다. 그들의 문제는 혼인제도와 관련된 사안들이다. 대한민국의 혼인제도에 비추어 볼 때 끔찍한 일을 저지른 것이다. 그렇다면 그들을 옥죄는 친인척 제도가 본질적으로 어떠한지 살펴볼 필요가 있다.

---

75) 걸+버무리다=남녀가 정교(情交)를 벌이다라는 순우리말.

도덕률이란 그 집단의 사회상을 반영한 것에 불과하다. 즉 풍습에 따르는 것이 바로 도덕적인 것이며, 또 이 풍습이란 결국 어느 특정 시기의 가장 내적인 본질 즉 사회적 요구들에 상응하는 것이다. ~ 야만시대 초기에는 혈족단체 내부에서 ~ 난혼의 상태가 실제로 존재했었다. ~ 모든 남자들이 다처제 ~ 모든 여자들이 다부제 ~ 자식들까지도 이 공동체에 속한 공유로 간주하였다. ~ 형제가 자매들과 또 심지어는 모자상간을 맺었다고 보고한 바 있다.[76]

윗글은 가족이나 결혼제도가 원시사회에는 지금과 달랐다는 설명이다. 이 말에 따라 어떤 사회적 관계망은 처음부터 고착된 게 아니라 삶의 흐름에 따라 변한 거라 하겠다. 어떤 사회적 시스템은 끊임없이 변화하는 것이라는 말로도 해석된다. 지금까지 그랬던 것처럼 앞으로 또 변화하는 삶의 양식에 따라 가족이나 결혼제도는 얼마든지 달라지리라.

  그에 따라 분명하게 한 가지는 말할 수 있다. 인간 사회를 지탱하는 사회적 제도가 고정불변은 아니라는 것이다. 그 시대의 생존 방식이 엮어낸 사회적 시스템이다. 그 시스템은 고정불변이

---

76) 아우구스트 베벨 저, 이순예 역, 『여성론』, 까치, 1995, 23쪽.

아니다. 끊임없이 달라지고 변화하는 것이다. 이를 문화라 한다.

거듭 문화란 무엇인가를 탐색한다. 인간들이 재미있게 건강하게 오랫동안 잘 살아가려는 행위다. 더 나아가 개체 증식과 종족 번식을 지향하는 것이다. 그러다가 이웃끼리 서로 죽이고 살리는 방식이다. 그러한 인간들의 욕망은 자연적이지 않은 게 현실이다. 그걸 문명이라 한다.

그 문명을 거부한 존재가 채식주의자의 영혜다. 그녀는 자연으로 돌아가려고 목숨을 포기한다. 나무가 되려면 인간의 몸이 죽어야 하니까. 그 때문에 한강 소설가는 문명화된 사람 몸에서 원초적이거나 원시적인 몽고반점을 찾아냈다. 거기에 나무와 꽃을 그려 넣는 의식을 처제가 형부와 함께 치르도록 한 것이다.

처제는 의식의 제사장이고 형부는 의식의 희생양이다. 제물은 몽고반점과 그려 넣은 꽃나무 그림들이다. 이는 가부장제와 남성우월주의라는 고정화된 이미지에 反하는 저항 의식으로 확장된다. 라캉이 말한 실재(계)도 해당한다. 융의 그림자이며 프로이트의 리비도인 것이다.

문학의 저항 의식은 새로운 시도이고 낯설게하기다. 부정의 미학인 것이다. 한강 소설가는 채식주의자 형부와 영혜를 통해 독자들에게 새로운 의식을 제공했다. 낯설게하기를 시도한 것이다. 작가로서 자기만의 세계, 자기만의 언어, 자기만의 유일무이한 창조성을 독자들에게 보여준 것이다.

그렇다면 형부와 영혜를 인간적인 측면에서 어떻게 봐야 하는지 필자도 궁금하다. 그 둘은 뭐라 단정 지어 말하기 어려운 대상이다. 선과 악으로 봐야 하는지 인간의 본성으로 치부해야 하는지 잘 모르겠다. 참고로 삼을만한 문구가 있어 소개한다. 책을 사랑하는 독자는 물론 독자가 아닐지라도 잘 아는 책에 관한 이야기다.

싱클레어의 또 다른 멘토 피스토리우스는 그에게 이렇게 말한다. "우리의 신은 압락사스야. 그는 신인 동시에 악마지. 그는 자기 내부에 밝은 세계와 어두운 세계를 동시에 가지고 있어. 압락사스는 네 생각이나 꿈에 대해 어떤 이의도 제기하지 않을 거야. 그걸 결코 잊지 마. 하지만 만약 네가 흠잡을 데 없이 모범적인 평범한 사람이 되어버리면 그는 너를 버릴 거야. 압락사스는 너를 버리고 자기의 사상을 요리할 수 있는 새로운 그릇을 찾아가고 말거야."

『데미안』에서 가장 경계하는 인간은 게으르거나 나약한 인간이 아니라 평범한 시민이다. 주어진 제도와 규칙 안에서 만족하는 사람, 그 어떤 새로움도 받아들일 틈새가 없는 사람은 스스로 화석이 되어버린 존재다. 그는 압락사스의 이중성과 삶의 다

채로움을 받아들일 용기가 없는 평범한 시민인 것이다.[77]

윗글은 삶을 살아가는 인간의 면모를 언급한 내용이다. 어떤 틀에 갇혀서 기계의 부품처럼 살아가거나 아니면 새로운 세계로 나아가거나 하는 인간의 가치를 강조했다. 압락사스는 누구나 다 가지고 있다. 그것이 안주하든지 모험을 떠나든지 하는 건 인간이다. 낯선 것을 두려워하지 않는 인간의 의식인 것이다.

윗글을 참고하지 않더라도 형부와 처제 영혜는 평범한 사람이 아니다. 형부는 처음부터 예술가로 모습을 드러냈다. 그렇다면 왜 처제와 형부인가 하는 문제가 남는다. 소설이나 영화는 극적이어야 한다. 남과 남이 만나서 사건을 벌이면 긴장감이 있겠는가. 처제와 형부가 일을 저질러야 온 집안이 뒤집힐 것 아닌가. 여기에서 필자가 영화를 언급한 건 채식주의자가 영화[78]로도 만들어졌기 때문이다.

5)외설과 예술의 차이

이제는 처제와 형부의 걸버무린 행위가 외설인가 예술인가를

---

77) 정여울 저, 앞의 책, 232쪽.
78) 임우성 감독, 《채식주의자》, 한국, 2010.

짚어봐야 한다. 처제가 J와 촬영이 끝난 뒤 다 젖어버렸다며 정말 하고 싶었다고 말한다. 그 까닭이 J 몸에 그려진 꽃나무 탓이라 했다. 그때 형부가 처제에게 달려든다. 처제는 형부를 밀어낸다. 형부가 몸에 꽃을 그리고 오면 받아주겠냐고 묻자 그녀는 웃었다.(130~132)

여기에서도 페미니즘을 엿볼 수 있다. 처제인 영혜의 성적 선택권을 말한다. 앞서 언급한 폴 리쾨르의 실존과 자유와 연결되는 것이다. 리쾨르는-실존은 능력으로써 자유에 머물지 않는다. 자유는 내 능력을 특정 환경에서 발휘하는 문제, 자기 자신의 진정성을 드러내는 것이다.-라고 했다.

영혜는 초자아를 무시하고 자신이 꽃나무이기를 바랐다. 자신의 진정성을 드러내는 것이다. 여기에서 형부는 수술이다. 영혜는 남자를 원한 게 아니라 암술로서 수술을 바란 것이다. 그렇기에 꽃나무를 몸에 그린 후 젖었다고 한 것이다. 꽃은 나무의 생식기이기에 당연한 유추다. 사람들은 나무의 생식기에 코를 대고 향기를 찾는다. 나무의 생식기와 자신을 동일시하는 관능이리라. 그 잠재의식을 영혜가 대신 실현한 것이다.

여기에서 채식주의자 영혜는 자신의 자유를 부르짖은 것이다. 실존은 자유라고 리쾨르가 말했다. 몸의 자유인 것이다. 사르트르는 존재가 본질보다 우선한다고 했다. 다시 말해 실존적 존재가치는 어떤 처신보다 몸의 자유[79]가 최우선인 것이다.

영혜는 여자에서 꽃으로 존재를 전환하는 몸의 자유를 누린 것이다. 인간적 본질을 해체하고 자연으로써 존재를 회복한 것이다. 형부와 정사를 벌인 시니피앙이 그걸 말해주었다. 도덕적 가치보다는 몸의 자유를 추구한 것이다. 지적 의식보다 피의 의식을 보여주었다. 성인이 규정한 學이나 禮보다 天이 내린 色을 지향한 것이다.

天의 色은 자유롭다. 그렇다. 꽃은 규범이 없는 자연이다. 반대로 문명으로 결속된 인간적 초자아들은 폭력적 체제들이다. 문명은 폭력을 기반으로 하지 않으면 지탱해나가지 못한다. 인간이 만들어 낸 문명이기에 자연적이지 않다. 자연적 산물인 꽃은 생명이다. 꽃봉오리를 잘 피우고 건강한 열매를 맺으며 스스로 존재한다. 꽃은 문화나 문명이 없다. 그냥 꽃인 것이다.

몸에 꽃을 그려 넣은 처제와 형부의 섹스는 자연으로 돌아가고픈 몽고반점의 몸부림이다. 문명 속에서 퇴화해 버린 몽고반점이 자연으로 회귀하려는 몸짓이다. 꽃에게는 친인척이 없다. 꽃, 열매 들은 대부분 근친상간의 산물일 것이다.

벌이나 나비가 꽃가루를 옮길 때 멀리 가기보다 가까운 곳을

---

[79] 리쾨르의 자유와 실존은 유신론적이다. 사르트르는 무신론적이다. 본고에서는 따로 구분하지 않았다.

많이 맴돌지 않을까 싶다. 꽃의 수정은 한 꽃의 암·수술로 거의 이루어진다. 이를 근친상간으로 비난할 수 있을까. 만물이 이루어지는 자연스러운 현상인데 말이다. 아득한 옛날 원시인들이 살아가던 난혼 시대와 같은 모습이라 하겠다.

이러한 관점에서 볼 때 처제와 형부라는 사회적 카테고리가 오히려 더 이상하리라. 그 둘은 친척이 아닌 인척이기에 더욱 기이하다. 나중에 언니 인혜도 동생과 남편이 저지른 행위를 떠올리며 자신을 위로한다.

> 그것은 분명히 충격적인 영상이었지만, 이상하게도 시간이 흐를수록 성적인 것으로 기억되지 않았다. 꽃과 잎사귀, 푸른 줄기들로 뒤덮인 그들의 몸은 마치 더 이상 사람이 아닌 듯 낯설었다. 그들의 몸짓은 흡사 사람에서 벗어나오려는 몸부림처럼 보였다.(218)

비로소 영혜의 언니 인혜가 문명과 비문명적인 것의 경계를 인식하려는 글이다. 그리고 현실을 초월하려는 의미도 담겼다. 도덕적인 선이란 절대적이지 않다. 악이 없이는 선이 존재하지 못한다. 악이 없는 선은 결코 선이 아니다. 선의 창조와 악의 창조는 동일시 되는 것이다. 영혜와 형부를 자연으로 환치하면 선도

악도 아니다.

오히려 어떤 엉뚱한 시선이 있어서 처제와 형부의 행위를 선으로 볼 수도 있으리라. 그렇다면 지금껏 인간들이 선이라고 한 모든 것들이 악으로 비칠 수도 있을 것이다. 헤르만 헤세가 『데미안』에서 언급한 압락시스(각주 71)는 채식주의자가 예술인지 외설인지를 가려주기에 충분한 모티프일 것이다.

> 그녀는 베란다 난간 너머로 번쩍이는 황금빛 젖가슴을 내밀고, 주황빛 꽃잎이 분분히 박힌 가랑이를 활짝 벌렸다. 흡사 햇빛이나 바람과 교접하려는 것 같았다. ~ 그는 ~ 활활 타오르는 꽃 같은 그녀의 육체, 밤사이 그가 찍은 어떤 장면보다 강렬한 이미지로 번쩍이는 육체만을 응시하고 있었다.(147)

위 예문은 사람 몸이 얼마나 자연적이고 그렇기에 아름다운지 보여준다. 꽃은 햇살과 교접해야 생존한다. 사람도 그렇다. 이처럼 한강 소설가는 꽃과 사람을 동일시 한 것이다. 또 시니피에가 아름다운지 시니피앙이 아름다운지 음미하기에도 충분한 단락이다.

자연의 몸들은 다 아름답다. 인간의 몸도 자연이다. 하지만 인간은 스스로를 문명화시키면서 자연이 아닌 것에 도취했다. 몸을 망가뜨린 것이다. 원래 가졌던 꽃과 같은 자연성을 스스로 포기한 것이다. 버린 걸 선으로 버리지 않은 걸 악으로 치부했다. 영혜처럼 자연으로 회귀하려는 걸 반사회적 성향을 분류했다. 그러면서도 자신들의 내면 깊숙한 곳에 웅크린 무의식을 어쩌지 못해 안달들이다.

이제는 채식주의자에서 한강 소설가가 자기만의 시니피앙을 어떻게 창조했는지 바라봐야 할 필요가 있다. 이제는 그게 더 소중한 문학적 가치가 아닐까 싶다. 독자들이 어떤 단정을 하기보다는 채식주의자가 외설인지 예술인지 바라봐야 할 시선을 두고 하는 말이다. 한강 소설가의 Aura를 붙들고 눈여겨보아야 할 것이다.

6) 야한 예술들

야하다는 게 어떤 뜻인지 궁금하다. 국어사전에는 야하다가 1, 2, 두 개 나온다. 그중 2를 살펴본다. 또 세 개의 예시가 나오는데 첫 번째를 읽는다. '천박하고 요염하다'라 쓰였다. 더 깊게 살펴보면 '어수선하여 바르지 못하고 남을 유혹하여 정신을 흐리게 하다'로 귀결된다. 그렇다면 '야한 소설'에 대해 설명이 가능하리라. '어수선하여 바르지 못하고 천박하고 요염하게 독자를 유혹하여 정신을 흐리게 하는 소설'로 정리가 될 듯싶다.

이와 관련해 소개하고자 하는 한글로 번역된 외국책들이 있다. 모두 다 자국 독자들과 평론가들의 검열을 통과한 책들이다. 그렇기에 우수하다고 말할 수 있다. 한국어로 번역된 뒤에 한국 독자들의 인기를 얻기도 한 책들이다. 그중에는 특정 독자들의 전유물이 된 책들도 있다.

뜻밖에 그림책도 포함된다. 이 그림책이 야하다고 필자는 분류한다. '어수선하여 바르지 못하고 남을 유혹하여 정신을 흐리게 하는 책'인 탓이다. 그중에서도 최상급이다. 그런데 다시 생각해 보면 전혀 해당하지 않는 것도 같다.

'어수선하지 않고 올바르며 누군가를 유혹하는 거와는 거리가 멀며 정신을 밝혀주기 때문'이다. 이는 필자의 야하다는 개념 정리가 혼란스러운 거라는 점을 우선 인정하겠다. 하지만 필자만이 가진 오류는 아니리라 여기면서 먼저 한국 소설을 소개한다.

① 즐거운 사라

장편소설 『즐거운 사라』(이하 '이 소설'이라 함)는 마광수 선생의 작품이다. 1990년에 집필에 들어가 1992년에 청하출판사에서 발간되었다. 이 소설은 출판된 이후 커다란 성적 모럴에 휘말렸다. 한국 사회에 필화사건이 터진 것이다.

『즐거운 사라』에서 주인공인 여대생 '사라'가 6명의 남성과 섹스를 즐겼다. 총각은 물론 유부남이나 대학 스승과도 일을 저질렀다. 한 침대에서 사라가 친구인 여성 1명과 그의 정부인 남자 1명이랑 어우러져 셋이서 혼음을 하는데 이성애와 동성애가 동시에 벌어지기도 했다. 오럴, 에널, 카섹스 등도 노골적으로 묘사되었다.

이 소설을 필자는 소장하고 있지 않다. 구입할 수가 없었다. 판매금지 서적으로 지정된 이후 아직도 풀리지 않은 것 같다. 그런 탓에 이 소설의 본문을 『즐거운 사라』에서 직접 인용할 수가 없다. 마광수 선생과 그의 작품 세계를 다룬 여타 서적들에서 인용했다.

> 그래서 나는 땅콩 서너 알을 ㅈ 속에다 집어넣고 손가락으로 휘휘 저어보았다. ~ 나는 불두덩이 근처가 차츰 달아오르는 것을 느꼈다. 다시금 한 주먹의 땅콩을 ㅇ 속에다 쑤셔 넣어본다. ~ 땅콩 알갱이들을 뾰쪽한 손톱 끝으로 한알 한알 빼내어 입에다 넣고 먹어본다. ~ 남자의 ㅇㅇㅇ에 의해서 이루어지는 싱거운 오르가즘보다 훨씬 더 유연하고 지속적인 오르가즘이 찾아왔다.[80]

---

80) 고운기 외 엮, 『마광수, 금기와 위반의 상상력』, 역락, 2020, 96~97쪽, 재인용.

윗글은 이 소설의 사라가 벌이는 자위를 적나라하게 묘사한 대목 중 하나다. 마광수 선생은 소설을 발표한 뒤 외설 논란에 휩싸였다. 책이 발간된 해 가을 마 선생은 강의하던 중 체포되었다. 이후 1995년 초여름 징역 8개월에 집행유예 2년을 선고받고 교수직에서 해직됐다.

마 선생은 소설에서 언어의 예술성을 표현한 것이다. 한 여성의 무의식을 마 선생만의 언어로 이미지화 한 것이다. 오르가즘은 관능적이다. 또 개인적으로 은밀히 만나야 해 무의식이라 하겠다. 그 상징성이 사라인 것이다. 이 세상천지에 사라 같은 여성이 없진 않을 것이다. 사라보다 더하면 더했지 덜한 걸로 볼 수 없는 소설 속 한 여성의 이야기를 소개한다.

② 눈 이야기

『눈 이야기』는 프랑스의 조르주 바타이유가 쓴 비교적 길지 않은 장편소설이다. 그의 저서로는 『에로티즘』『에로티즘의 역사』『에로스의 눈물』『태양의 항문』 등 다수가 있다. 다양한 책들에서 바타이유는 인간이 이성적 동물이라는 걸 부정했다. 인간은 지극히 에로스적이라는 것을 증명하려 했다. 그 본질이 광기라는 걸 보여주었다. 인간은 이성적이지 않다는 것이다.

좀 다르긴 하지만 광기의 본질로는 『광기의 역사』[81]를 쓴 미셸 푸코의 상상과 부합하는 것이다. 푸코는 이 책에서 미친 사람들을 가두고 통제하는 제도권 사람들의 광기를 피력했다. 미친 자들과 관리하는 자들이 정도의 차이를 두긴 해도 다 광인이라는 것이다.

반대로 헤겔은 변증법 正-反-合에서 反이 이성적인 것이라 했다. 인간 사회는 이성이 지배한다는 의미로 읽힌다. 칸트도 인간의 역사가 이성적이라 했다. 그걸 칼 맑스가 변증법적 주체는 물질이며 정신은 물질의 반영으로 결정된다고 했다. 인간의 역사는 물질에 따라 변천한다는 유물사관으로 헤겔을 반박한 것이다.

데카르트는 Cogito, ergo sum으로 인간의 생각을 절대시했다. 하이데거도 인간은 생각을 통해서만 존재하는 Ego cogito라 했다. 여기에서 생각은 이성과 동의어일 것이다. 이에 라캉은 '나는 생각하지 않는다. 고로 존재하지 않는다'고 반박했다. 이 말은 '나'라는 존재가 없다고 읽히기도 한다. 다시 말해 생각한다는 것은 다소의 차이가 있지만 본능적이고 관능적이라는 것이다. 거기서 더 나아가면 바로 광기인 것이다.

---

81) 미셸 푸코 저, 이규현 역, 『광기의 역사』, 나남, 2020.

이러한 논제를 더 확장해 보면 프랑스의 사르트르가 '존재는 소유'라 했다. 소유의 가치는 물질에 따라 결정된다는 말이리라. 이성이 아니라는 뜻이다. 카뮈는 소설 『이방인』[82]에서 '사람은 언제나 이성적일 수 없다'고 했다. 카뮈도 이 소설에서 인간의 광기를 역설했다.

러시아 톨스토이는 장편소설 『안나 까레니나』에서 '~ 이성은 오만이다. ~ 이성은 어리석다. ~ 이성은 기만이다. ~ 이성은 속임수다'고 했다.[83] 그것을 안나의 비극으로 보여주었다. 안나와 브론스키가 만들어 낸 비극의 본질도 이성이 아니라 광기라는 걸 톨스토이가 독자에게 보여준 것이다. 이처럼 바타이유의 문학적 기질도 광기를 바탕으로 삼았다.

> 바타이유는 인간이 이성적 동물이라는 '신화'를 전복시키는 데 일생을 바쳤다. 하지만 시간의 흐름과 함께 그 역시 우리에게 하나의 신화, 즉 '광기의 철학자'라는 신화로 다가오고 있다.[84]

---

82) 알베르 카뮈 저, 이혜윤 저, 『이방인』, 동서문화사, 2020, 85쪽.
83) 톨스토이 저, 맹은빈 역, 『안나 까레니나Ⅱ』, 동서문화사, 2018, 971쪽.
84) 유기환 저, 『조르주 바타이유』, 살림, 2017, 23쪽.

바타이유의 이론은 난해하다. 그건 초자아적 관점에서 바라보기 때문이리라. 하지만 우리가 이성이라고 여기는 관점을 버리고 본질인 무의식의 기준으로 바라보면 대부분 이해가 된다. 우리가 이성이라고 하는 것들, 먹고 놀고 배설하고 자고 공부하고 출세하는 것들이 다 지성인지 생각해 볼 일이다. 그것들도 다 관능이거나 더 나아가 광기일 가능성을 염두에 두어야 한다. 깊은 생각, 사유가 아닌 것이다. 바타이유의 광기를 탐색한다. 그가 1928년 발표한 장편소설 『눈 이야기』에 나오는 한 장면이다.

> 시몬은 키 큰 영국인 손에서 아름다운 구체를 빼앗더니 두 손으로 침착하고 조심스럽게 밀어넣어 음모 가운데로 보이는, 침이 흘러나오는 살 속으로 넣었다.[85]

윗글 시몬은 소설의 여주인공이다. 아름다운 구체라는 건 돈 주앙 성당 소속 신부의 두 안구다. 시몬이 자신의 질 속으로 신부의 두 눈깔을 집어넣은 것이다. 신부는 고해 성사를 하던 중 시몬 일행에 의해 살해당했다. 세상은 이 이미지를 종교와 사제를 비난하는 상징물로 보는 게 커다란 흐름이다.

---

85) 조르주 바타이유 저, 이재형 역, 『눈 이야기』, 비체, 2019. 121쪽.

소설에서 시몬 일행은 정상적인 인물들이 아니다. 광기가 넘치는 인물들이다. 그렇다면 그들에 의해 희생당하는 종교나 사제들은 정상인으로 보아야 하는지 궁금하다. 종교의 이름으로 희생당한 소시민들이 얼마나 많은지 생각해 볼 일이다. 그렇게 해서 발생하는 이익은 종교 지도자들이 차지했다. 그런 현상은 21세기인 지금도 어떤 종교의 이름으로 끊이지 않고 일어난다. 소설에서 시몬과 신부는 광기와 광기의 만남인 것이다. 시몬이라는 광기가 신부라는 광기를 먹어 치운 것이다.

모범적인 현대 예술가는 광기의 중개인다.[86]

윗글은 수전 손택이 『눈 이야기』 뒤에 붙여 쓴 해설에 담긴 한 문장이다. 바타이유가 왜 광기에 가득한 소설을 썼는지 그가 왜 좋은 작가인지를 해설한 내용 중 한 문장이다. 바타이유의 소설 『눈 이야기』는 인간 광기의 집약체다. 그 본질을 에로티즘이라 했다.

시몬이 목을 조르자 입을 다문 채 죽은 듯이 꼼짝 않고 있던

---

86) 위의 책, 159쪽.

신부의 몸이 무시무시하게 떨리면서 음경이 우뚝 섰다. 그때 나는 두 손으로 신부의 음경을 쥐고서 계속해서 목을 조르고 있는 시몬의 음부 속으로 어려움 없이 집어넣을 수 있었다. ~ 홍분한 시몬은 뻣뻣해진 커다란 음경이 엉덩이 사이로 ~ 격렬하게 들락거리도록 했다.[87]

윗글은 여성 시몬이 일행인 남성 두 명과 더불어 한 신부를 살해하며 벌이는 광기다. 신부는 초자아다. 오르가즘을 추구하는 건 무의식이다. 개인의 무의식을 신의 이름으로 억압하는 첨병이 사제인 것이다. 이 소설의 이미지를 통해 바타이유는 살육 성애인 보레어필리아(Vorarephilia)와 시체 성애인 네크로필리아(Necrophilia)를 보여준 것이다. 이런 에로티즘적 무의식이 광기라면 초자아도 광기다. 다 정신세계의 본질인 것이다. 앞서 미셸 푸코가 『광기의 역사』에서 말한 광기를 위한 광기인 것이다.

③ 감각의 제국-영화
무의식적 광기와 연결되는 영화 《감각의 제국》[88]을 소개한다. 1976년에 제작되고 우리나라에는 2000년에 개봉되었다. 1936년

---

87) 위의 책, 116쪽.
88) 오시마 나기사 감독, 후지 다쓰야, 마쓰다 에이코 주연, 일본, 1976년.

일본에서 기사화된 한 사건이 모티브인 영화다. 실제 사건을 각색해 영화로 만든 것이다.

　이 영화는 결말 부분에서 남자가 여자에게 운우의 몸짓을 멈추지 말라고 말한다. 애원하는 것이다. 이어 여자가 남자의 목을 조른다. 남자가 숨이 넘어가는 순간에 음경이 발기한다. 여자가 남자 부탁대로 목 조르는 걸 멈추지 않는다. 그 여파로 여자가 발기한 음경을 질에 삽입한 후 오르가즘을 느낀다. 『눈 이야기』 여주인공 시몬의 이미지와 닮았다.

　목 조르고 삽입하는 모티프는 단순한 포르노로 머물뻔한 이 영화를 예술로 승화시키는 이미지인 것이다. 영화 속 남자는 여자에게 오르가즘을 선물하려, 동물적인 관능을 위해, 자신의 목숨을 버린 것이다. 또 그것을 취하는 여자를 통해 지독한 사랑을 보여준 것이다. 나중에 사랑하는 남자의 목숨을 대가로 오르가즘을 취한 여자가 미쳐버린다. 광기의 연속인 것이다. 이 둘의 에로티즘을 주이상스라 한다. 죽음을 지향하는 쾌락인 것이다.

　이 영화의 상영 시간은 편집에 따라 다양한데 우리나라는 01:25 정도로 개봉되었다. 상영 시간 내 보여주는 이미지는 99%가 에로스적인 장면들이다. 바로 포르노그래피이다. 이 영화는 틀림없는 외설적 영화다. 음란물에 머무는 것이다. 하마터면 그럴 뻔했다. 나머지 1%가 포르노그래피를 예술로 끌어올린 것이다.

　이 영화를 국내에서는 외설로 평가했다. 하지만 반드시 그렇지 않다. 아시아보다 선진문화를 가진 유럽 관객들 입장은 다르다. 서구와 남미에서 이 영화를 외설과 예술로 본 관객들 성향을 비교한 자료가 있는 건 아니지만 많은 관객들이 이 영화를 예술적으로 평가했다. 그들은 이 영화의 예술성에 대해 찬사를 아끼지 않았다.

　프랑스 여성들은 이 영화를 보고 남자의 희생적인 사랑에 탄복하고 눈시울을 적셨다. 세상에 영화 속 남자와 여자 같은 인물들이 어디에 있겠는가, 눈을 씻고 찾아봐도 없을 것이다. 하지만 영화의 이미지는 감동적이다. 파리지엔느들은 사랑을 위한 남자의 희생에서 강렬한 카타르시스를 느낀 것이다. 마지막 1%의 장면이 결정적 역할을 한 것이다.

　이 영화가 파리의 모든 영화관에서 점차적으로 개봉되었다. 나중에는 파리의 영화관들끼리 연결되는 시스템으로 24시간 내내 끊이지 않고 돌아가며 상영되었다. 파리지엔느들과 여타 프랑스 여성들은 이 영화를 파리에서 맘만 먹으면 언제든지 볼 수 있었단다. 보고 또 보았다는 것이다.

　이 영화는 일본에서 제작되었으나 편집과 개봉을 하지 못했다. 1976년 당시 일본은 선진국이지만 군국주의 망령이라 할 금기 사항이 많은 시기였다. 당시 사회적 관점이 천황이나 정부에 대한 충성과 제국주의적 발상에 쏠린 것이다. 그러한 사회적 분위기를 오시마 나기사 감독은 미리 감지했다.

일본 정부 관리의 검열이 두려운 감독은 영화의 미편집 필름을 프랑스 투자자에게 넘겼다. 영화는 프랑스에서 현상과 편집을 거쳐 개봉했다. 일본 영화가 모국에서 상영되지 못하고 프랑스에서 첫선을 보인 것이다. 당시 프랑스는 시민들의 사회적 관점이 어떤 이데올로기적 충성이나 제국주의보다는 예술성에 충실한 시기였다.

충성심이나 제국주의적 발상이 단편적이며 편협한지 아니면 예술성이 단편적이며 편협한지를 애써 본고에 설명하지는 않겠다. 아무튼 이 영화는 프랑스에서 상영되고 유럽 여러 곳에서 환호를 받았다. 나중에는 이 영화가 프랑스 자막이 덧씌워진 채 일본으로 역수입되었다.

그 후 일본 사회의 《감각의 제국》에 대한 반발은 컸다. 감독은 몹쓸 영화를 만들어 일본의 명예를 실추시킨 죄로 형사 고발과 재판에 휘말렸다. 주연 여배우 마쓰다 에이코는 이후 영화에 출연하지 못했다. 일본 국민이 아닌 군국주의적 발상에 휩쓸린 초자아가 그렇게 만든 것이다.

이처럼 같은 영화인데도 지역에 따라, 문화적 가치 기준에 따라 바라보는 시선이 다르다. 필자는 본고에서 어떤 시각이 더 좋다 안 좋다를 말하는 건 아니다. 시각이 서로 다르다는 것을 강조하는 것이다. 하지만 문화적 가치 기준에도 우열이 있다는 걸 부정할 수는 없을 것이다.

위 오시마 나기사 감독이 일본 사람이 아니고 프랑스 사람이었다면 재판에 회부되지 않았을 것이다. 주연 여우 마쓰다 에이코도 일본 여자가 아니고 프랑스 여자라면 영화계로부터 추방이 아니라 멋진 여배우로서 부귀영화를 누렸을 것이다.

이제는 이 영화뿐 아니라 어떤 예술작품이라도 관객이나 독자의 시선이 아니라 그 지역의 초자아적 가치에 따라 의미가 180도로 달라진다는 것을 알게 되었다. 또 유럽이나 동남아 등 지역에 따라 관객이나 독자의 관점이 다르다는 것도 이해했다. 이 걸 두고 하나의 시니피앙에 다양한 시니피에가 따라붙는다고 말한다.

여기에서 창작자는 시니피에-주제의식에 책임이 없다는 것이다. 작가는 오직 시니피앙-작가만의 언어에 충실하면 된다는 것이다. 시니피에는 독자들의 몫인 것이다.

그러한 독자나 관객의 관점에서 작가를 특정한 법으로 규제한다는 건 문화적 무지이고 수치인 것이다. 《감각의 제국》의 사례가 그 증거라 하겠다.

    일본《감각의 제국》처럼 한국에서 초자아의 철퇴를 맞은 『즐거운 사라』가 1994년 일본어로 출간되었다.《감각의 제국》사건 이후 대략 20년 만의 일이었다. 그런데 별 탈 없이 잘 팔렸다는 것이다. 한국은 일본 사회를 10~20여 년 간격을 두고 뒤따른다는 속설이 있다. 영화《감각의 제국》이 일본 사회에서 물의를 일으킨 때가 대략 1980년 즈음이리라.
    한국이 『즐거운 사라』로 논란이 심화된 때가 1992년 즈음이다. 일본에서《감각의 제국》이 음란물 논란에 휩싸인 지 대략 12년 뒤쯤이었다. 한국에서도 『즐거운 사라』가 《감각의 제국》이 겪은 것과 매우 흡사한 사회적 고통을 짊어진 것이다. 앞서 언급한 일본 사회를 뒤따른다는 속설이 잘 들어맞는 게 확인된 것이다.
    『즐거운 사라』에 적용한 음란물 잣대는 한국의 기득권들이 일본문화를 사대주의적 관점에서 잘 반영한 결과라 하겠다. 그런 꼰대적 시선의 잔재가 채식주의자에 대한 비난이나 폄하로도 이어진 거라 여겨진다. 거기에는 언론도 책임이 크다고 본다.
    《감각의 제국》이후 일본은 문화적으로 많이 달라졌다. 정치적으로는 아직 멀었으나 문화적으로는 이미 선진화됐다고 할 수 있으리라. 그런데 아직도 한국의 적지 않은 시선들은 작가의 예술성을 일본 구세대의 잔재가 씌워진 초자아 잣대로 들여다보는 것이다. 이를 일제의 잔재라 말할 수 있으리라.

1994년 『즐거운 사라』가 일본에 진출한 뒤 무난하게 10만 부 이상 팔렸다. 그즈음 일본은 1970년대 영화 《감각의 제국》에 끼친 악영향의 잔재를 다 벗어던져 버린 것이다. 그것이 1992년 한국에는 남아 있었다. 당시 국내에서는 『즐거운 사라』가 1,000부도 안 팔렸을 것으로 짐작한다. 그 매너리즘 찌꺼기들이 21세기인 지금도 채식주의자를 앞에 두고 흔적을 흘리는 것이다. 좀비처럼 흐리멍덩한 눈을 번득이는 것이다.

이제는 한국의 꼰대님들께서도 쉽지는 않겠지만 일본의 구시대 문화적 잔재를 사대하지 말아야 한다. 유럽이나 남미의 문화적 분위기를 음미하는 것이 더 바람직할 것이다. 광복 이후에도 한국 사회에서는 일제의 잔재를 우대하는 경향이 심했다. 식자들이 놓지 못하는 일제의 썩은 뿌리가 지금도 한국 사회 곳곳에서 눈에 띈다. 이제는 버려야 할 때인 것이다.

본고에서는 지금까지 사회적 관점에 따라 작가에게 시니피앙에 대한 책임을 묻기도 하고 안 묻기도 한다는 것을 알게 되었다. 이를 『눈 이야기』 『즐거운 사라』 《감각의 제국》이 말해주고 있다. 이에 따른 마광수 선생의 명제를 열거하겠다.

사라가 땅콩을 질 속에 삽입하여 자위행위하는 부분이 있습니다. 그런데 바타이유의 『눈 이야기』라는 소설에는 여주인공이 성직자를 죽여 그 눈알을 빼어 질 속에 삽입한 뒤 자위행위 하는 장면이 나옵니다. 그런데 이 소설은 아무런 제재 없이 (국내에서)판매되고 있습니다.

또 일본작가 무라카미 류의 소설 『한없이 투명에 가까운 블루』 역시 제재 없이 판매되고 있는데, 이 소설에는 『즐거운 사라』가 단죄 받은 이유 중의 하나인 '1 대 2'의 성희 정도가 아니라 수십 명이 마약을 복용하며 그룹섹스를 벌이는 행태가 세밀하게 묘사되고 있습니다.[89]

아무튼, 성을 그 자체로 그리면 안 되고 무언가의 상징, 이를테면 자연이든 계급 갈등 같은 것의 상징으로 그려야만 예술이 될 수 있다는 생각은 성적 쾌락 자체에 알레르기 반응을 일으키는 병적 결벽증의 소산이 아닐 수 없습니다. 이를테면 앞서 예로 든 바타이유의 소설 『눈 이야기』에서 성직자 눈알을 뽑아 그것을 질 안에 넣고 자위행위를 하는 장면은 종교적 억압에 대한 저항의 상징이기 때문에 괜찮고, 사라가 쾌감을 위해 땅콩을

---

89) 고운기 외 엮, 앞의 책, 61쪽.

질 안에 넣고 자위행위를 하는 것은 오로지 퇴폐일 뿐이라는 식의 시각이 바로 그러한 생각을 설명하는 좋은 예가 될 것입니다.[90]

이처럼 마광수 선생은 절규했다. 그처럼 외롭고 고달픈 마 선생에게도 반가운 소식이 있었다. 연세대학교 국어국문학과 학생회가 '마광수 교수가 옳다'며 지지하고 나선 것이다. 마 선생은 가장 신뢰하는 제자들로부터 인정을 받은 터라 커다란 위안을 받았을 것이다. 이후 김대중 정부가 들어서면서 마 선생은 복권되었다.

법적으로 '작가 마광수'는 사면되었으나 '소설 작품' 『즐거운 사라』는 현재까지도 판매금지 상태에 있다. 하지만 일본어로 번역·출간된 일어판 『즐거운 사라』는 일본에서 아무런 법적 제재를 받지 않았다. 오히려 10만 부 이상 판매되는 등의 역설적인 모습을 보였다.[91]

뒤에 마 선생은 『2013 즐거운 사라』를 출판사 '책읽는귀족'에서

---

90) 위의 책, 77쪽.
91) 위의 책, 129쪽.

발간했다. 그는 『즐거운 사라』의 판매금지 해제를 바라며 헌법으로 보장된 표현의 자유를 되찾기 위해 이 소설을 썼다고 말했다. 1951년에 태어난 그는 66세인 2017년 9월 5일 스스로 생을 마무리 지었다.

④ 니힐리즘과 자살

이집트 여왕 클레오파트라[92]도 자결했다. 스스로 독사에 물려 숨을 거둔 것이다. 그걸 두고 클레오파트라가 뱀에게 팔을 내밀었다. 유두를 내주었다는 등 설왕설래한다. 하지만 클레오파트라가 뱀에게 어디를 물렸다는 기록은 전혀 없다. 몇몇 유명 화가의 그림들이 그녀가 죽음을 자초한 방식에 대해 메시지를 담았을 뿐이다. 팔을 내밀거나 유두를 내주는 그림들은 실재가 아닌 화가의 주관적 관점이 묘사된 것들이다.

클레오파트라보다 대략 400년 전 인물 소포클레스[93]의 자살에 관한 시니피앙을 탐색할 필요도 있다. 그는 불멸의 고전인 『오이디푸스 왕』『안티고네』들의 비극을 창작했다. 그중 『안티고네』에 실린 자살에 관한 내용을 소개한다.

---

92) 고대 이집트 여왕(BC.69~BC.30)
93) 고대 그리스 작가(BC.496~BC.406). 그리스 비극들을 창작.

나는 언젠가는 죽게 되리라는 것을 잘 알고 있었어요. 어찌 모르겠어요? 그대의 그 포고가 없었다 하더라도 말예요. 하나 내가 때가 되기도 전에 죽는다면, 나는 그것을 이득이라고 생각해요. 나처럼 수많은 불행 속에서 살아가는 사람이라면 어찌 죽음을 이득이라고 생각지 않겠어요? 그러니 내가 이런 운명을 맞는다는 것은 나에게는 조금도 고통스럽지 않아요.[94]

윗글은 오이디푸스 왕의 첫딸인 주인공 안티고네가 한 말이다. 자신과 촌수가 꼬인 테바이 왕 크레온으로부터 죽음의 동굴에 갇히기 전이었다. 그녀는 왕의 명령으로 동굴에 갇히게 된다. 결국에는 동굴 감옥에서 굶어 죽게 되는 것이다. 그 전에 그녀는 자결을 선택했다. 소포클레스가 안티고네를 통해 '죽음은-자결은 이득'이라고 했다. 자살을 예찬한 것이라 하겠다.

그렇다면 자살의 정체가 무엇인지 탐색할 필요가 있다. 일반적인 관점에서 자살은 자신에 대한 부정이라 하겠다. 하지만 자신에 대한 긍정이라는 보편적 측면도 있다. 이러한 두 경우를 두고 '자살은 자신에 대한 마지막 애정'이라 말하기도 한다.

---

94) 소포클레스 외 저, 천병희 역, 『오이디푸스와, 안티고네 외』, 「안티고네」, 문예출판사, 2006, 289쪽.

자살자는 삶을 원하지만 삶이 놓여 있는 조건들에 만족하지 못하는 것뿐이다. 그러므로 그는 삶에 대한 의지를 포기하는 것이 아니라, 개별적인 현상을 파괴함으로써 삶을 포기하는 것에 불과하다. ~ 자살자는 의욕하는 것을 멈출 수 없기 때문에 바로 자신의 현상을 파기함으로써 자기를 긍정하는 것이다. 그런데 의지가 이렇게 하여 도피하는 그 고통이야말로 의지의 억제이며, 의지로 하여금 부정과 해탈에 이르게 할 수 있다. ~ 그는 ~ 의지의 현상인 육체를 파괴함으로써 고통을 배척한다.[95]

윗글은 쇼펜하우어가 한 말이다. 근대 철학에서 자살을 언급할 때 그를 빼놓을 수 없다. 그가 자살은 자신의 파괴이며 동시에 자신을 긍정하는 것이라 했다. 고통의 배척이며 동시에 해탈에 이른다고 했다. 강력한 자기 파괴는 파급력이 강한 만큼 자신을 긍정한다는 것이다.

혹자는 쇼펜하우어의 이 말을 두고 자살을 부추긴다, 더 나아가 자살 예찬론자라 말했다. 하지만 그렇지 않다. 그는 자살을 예찬한 게 아니라 이해하고 개념을 재정비한 것이다. 그는 자살을 부추긴다는 속설과 달리 반대한다고 분명하게 말했다.

---

95) 쇼펜하우어 저, 권기철 역, 『의지와 표상으로서의 세계』, 동서문화사, 2020, 460쪽.

> 내가 여기서 자살을 도덕적 의미의 잘못이라고 해서 반대하는 것과 기독교 사제가 그것을 범죄라고 낙인찍으려는 것 사이에는 큰 차이가 있다.[96]

이처럼 쇼펜하우어가 자살에 반대하면서도 자살은 자기 파괴와 긍정 그리고 자기 배척과 해탈이라는 양면성을 주장했다. 이는 도덕적 관점에서의 반대와 철학적 관점에서의 동조라 하겠다. 도덕과 철학은 물과 기름 같은 입장이기 때문이다.

쇼펜하우어의 철학적 관점에서 본다면 마광수 선생의 죽음은 공감이 되기도 한다. 마 선생이 어떤 내세의 꿈을 꾸었을지 알 수 없다. 문화적 편견이 없는 세상을 기대했으리라 짐작한다.

언뜻 생각을 떠올려도 한반도의 문화는 역사적으로 오랫동안 사대주의가 본질이 되어버린 게 대부분인 듯하다. 멀리서는 불교와 가까이는 기독교가 그런 모습이다. 공자를 주축으로 하는 유가(儒家)도 마찬가지다. 대부분 초자아적이며 무의식을 억압하는 장치들이다. 정치적 명분을 내세우는 수단이기도 했다. 당연히 편견일 수밖에 없다.

이러한 초자아들로부터 오는 무의식의 억압에서 벗어나고픈

---

[96] 쇼펜하우어 저, 홍성광 역, 『쇼펜하우어의 행복론과 인생론』, 을류문화사, 2013, 323쪽.

마 선생은 사후 문화적 자유가 넘치는 세상을 꿈꾸었으리라. 이는 마 선생 자신에 대한 부정과 긍정이며 배척이고 해탈이라 하겠다. 이런 자살에 대한 쇼펜하우어의 명제는 치밀하게 짜였다. 나중에 그의 사상은 니힐리즘으로 이어졌다.

니힐리즘은 우리말로 허무주의라 번역된다. 하지만 그렇지 않다. 니힐리즘은 라틴어로 무(無)를 말하는 것이다. 가장 단순하게 말하자면 무(無)는 절대가치의 무의미를 말하는 것이다. 우리가 바라보는 사물의 가치는 절대적이지 않다는 것이다.

그것들은 있기도 하고 없기도 하는데 있다고 하는 것에 대해 무(無)를 말하는 것이다. 하지만 무(無)라 해도 없는 것이 아니다. 뭔가에 의해 유(有)하기 때문이다. 그래서 고정된 절대가치의 해체를 무(無)라고 하는 걸로 볼 수도 있겠다.

우주는 눈에 보이는 것들로 채워졌다. 하지만 성간에는 눈에 보이지 않는 것들로도 채워졌다. 그것들은 돌고 돌며 뭔가를 이루기도 하고 해체하기도 한다. 그 변화무쌍한 현상을 인간은 보지 못하는 것이다. 그래서 모래알 같은 촌각의 관점을 절대적인 것이라 여기는 것이다. 우주는 영원히 변화무쌍하기에 인간적 안목으로 고정화된 절대가치는 해체되어야 하는 것이다.

이를 무(無)라 하겠다. 이는 물질의 영원회귀설과 맞아떨어지기도 한다. 물아일여(物我一如), 물아일체(物我一體)이며 만물이 부처라는 말과 一如한다. 이러한 철학적 사고들을 허무주의라 못 박는 건 인문학에 대한 극심한 편견이라 하겠다.

그러한 니힐리즘 잣대로 채식주의자 영혜를 살펴보아야 한다. 영혜는 나무가 되고 싶어 모든 음식을 거절한다. 이는 신경증 중 하나인 거식증이 아니다. 몸이 어떤 스트레스를 받아 음식을 거부하는 것이 아니라 의도적으로 완강하게 음식을 거부하는 것이다.

> 외견상으론 그렇게 보이지만, 모든 근육이 빳빳하게 긴장돼 있어요. 의식을 놓고 있는 게 아니라 오히려 의식을 어딘가에 집중하고 있는 것입니다. 그 상태를 억지로 깨뜨릴 때의 반응을 보시면, 완전히 깨어 있다는 걸 아실 겁니다.(209)

영혜에게 음식을 먹이려던 의사가 인혜에게 한 말이다. 의사 말대로라면 영혜는 자살을 시도하는 것이다. 의식적이기 때문이다. 클레오파트라는 뱀독을 이용해 스스로 죽는 것이고 영혜는 음식을 거부해 스스로 죽는 것이다. 그렇기에 영혜는 나무가 되려 자살하는 것이 된다. 폭력적인 현실과 거기에 갇힌 자신에 대한 부정이며 긍정이다. 배척이며 해탈인 것이다.

영혜는 죽은 뒤 나무가 되려 했다. 영혜는 몸을 흙에서 얻었다. 죽으면서 흙으로 되돌려주는 것이다. 그 흙은 다시 나무의 싹을 틔운다. 드디어 영혜는 나무가 되는 것이다. 이는 사람과 흙과 나무가 다르지 않다는 물아일체와 동일시된다. 물질의 핵심인 세포들이 지구 표면에서 영원히 돌고 돈다는 니힐리즘인 것이다. 니힐리즘은 쇼펜하우어에서 니체로 이어진다. 일부에서는 니체가 니힐리즘에 반대했다고 주장하기도 하지만 그렇지 않다.

19세기까지 서구에서 생각하는 절대 가치와 진리는 기독교 도덕이었다. 그러나 니체는 당시의 종교가 기독교 도덕이라는 존재하지도 않은 가치를 강요하고 있다고 해석했다. 그 도덕은 살아 있는 인간을 위한 것이 아닌, 진짜가 아닌 것이라 생각한 것이다. 그렇다면 근대의 돈과 이윤은 현대의 새로운 절대 가치일까? 니체는 이것을 신의 대체물로서의 가치가 있다고 보았다. 결국 니힐리즘에서 도망치기 위한 새로운 니힐리즘이라 비판했던 것이다. 니체는 〈차라투스트라는 이렇게 말했다〉에서 "우리들은 영원한 무(無) 가운데 떠돌고 있는 것이 아닌가?"라고 말했다.[97]

---

97) 니체 저, 하루히코 · 박재현 역, 『超譯(초역) 니체의 말』, 삼호미디어, 2012, 7쪽.

윗글 끝 문장처럼 니체는 영원한 무(無)를 주장했다. 이것은 공(空)과 다르지 않다. 인간 사회에서 끝없이 나타났다 사라지는 물거품 같은 절대가치는 결국 사라지기에 無(空)이라는 것이다. 어떤 존재를 억압하는 이데아[98]적인 가치의 해체를 말한 것이다. 無(空)만이 영원히 존재한다는 사상이다. 니체는 니힐리즘을 또 다른 니힐리즘으로 비판하며 차세대 니힐리즘을 지향한 것이다. 이런데도 니체가 니힐리즘을 반대했다고 말하는 건 편견이라 하겠다.

니힐리즘을 영원회귀라 하는데 이와 어깨를 나란히 하는 동양사상으로 도가의 무위자연론이 있다. 노자, 장자, 열자를 주축으로 형성된 철학이다. 자연이 이루거나 해체하는 것은 자연 현상이니 의미를 두지 말자는 사상이다. 탄생도 죽음도 무의미하다는 것이다. 다만 인간적 관점에서 볼 때 유의미한 것이다.

아무튼 채식주의자 영혜가 자신이 나무가 되든 말든 상관하지 말라며 언니 인혜 손을 뿌리친다. 인혜는 영혜가 죽을까 봐 애써 음식을 먹이려 한다. 영혜는 죽음이 아니고 어떤 세포가 인간에서 흙으로 또 나무로 껍질을 바꾸는 것인데 인혜는 죽음으로 바

---

98) 플라톤이 주장한 Idea : 실체적 물질이 아닌 관념, 이데올로기, 아갈마 등.

라보는 것이다.

나중에 채식주의자 결말에서는 인혜도 달라지는 이미지가 보인다. 인혜도 영원회귀나 무위자연에 동화되는 뉘앙스를 풍기는 것이다.

> 엄마 사진이 바람에 날아갔어. 하늘을 봤더니, 응, 새가 날아가고 있었었는데, 새한테서 '엄마다…' 소리가 들렸어. 응, 새 몸에서 손이 두 개 나오구.
> 오래전, 아직 말이 서툴던 지우가 잠 덜 깬 눈을 가늘게 뜨며 했던 말이다.
> ~
> 그녀는 설명할 수 없었다. 어떻게 자신이 그렇듯 쉽게 아이를 버리려 할 수 있었는지. 자신에게도 납득시킬 수 없을 잔인한 무책임의 죄였으므로, 누군가에게 고백할 수도, 용서를 구할 수도 없었다. 다만 소름끼칠 만큼 담담한 진실의 감각으로 느낄 뿐이다.(218~220)

윗글에서는 지우가 자신을 버린 엄마를 새랑 동일시했다. 인혜도 아들처럼, 지우를 버린 자신을 새와 동일시하는 것이다. 영혜가 나무가 되려는 것과 동일시되는 이미지이기도 하다. '~ 소름

끼칠 만큼 담담한 진실의 감각으로 느낄 뿐이다'에서 인혜가 영원회귀설이나 무위자연론으로 다가가는 뉘앙스도 주었다. 그렇다고 본다면 채식주의자의 기저에 니힐리즘인 영원회귀설이나 도가의 무위자연론이 깔렸다고 보아야 할 것이다. 그것들을 표현하려는 시니피앙이라 하겠다.

⑤주이상스와 데카당스

위에서는 자살에 대한 철학적 개념을 알아보았다. 이제는 정신분석학적이거나 문화 사조 관점으로써 자살에 대해 접근하고자 한다. 자살은 정신분석학적으로 뇌의 부작용과 관련이 깊다. 거기에는 선천적인 부작용도 있다. 오래된 슬픔이나 충격적인 슬픔도 뇌에 후천적인 부작용을 유발한다.

어떤 작용으로 뇌는 도파민, 엔도르핀(천연 마약), 아드레날린, 다이돌핀, 세로토닌, 옥시토신 등 신경전달물질이 과하거나 부족한 경우가 발생한다. 이 호르몬들은 즐거움이나 더 나아가 쾌락을 유발하는 물질들이다. 과하거나 부족한 경우는 선천적일 수도 후천적일 수도 있다. 그렇기에 호르몬 등의 분비가 정상적이지 않을 때 몸도 정상적이지 않은 모습을 드러낸다. 예를 들자면 마약 투여나 우울증이 그런 경우다.

신체의 호르몬 분비는 스트레스 호르몬 분비와 관련이 깊다.

신체는 스트레스를 받으면 스트레스 호르몬을 분비하는데 이때 몸을 정상적으로 유지하게 하는 여타 호르몬 분비에 교란이 일어난다. 이런 상태가 지속적이거나 과도한 경우 뇌의 건강이 상하는 것이다.

인간 뇌는 태아일 때 70% 정도가 만들어진다.[99] 출생 후–12개월 이내 80, 만 세 살인 36개월까지 90, 이후 여성은 23살, 남성은 25살이 되면서 완성된다. 완성된다기보다 뇌의 성장이 멈추는 것이다. 이 수치는 개별적 특성을 무시한 일반적인 통계 수치라 하겠다.

그런데 '뇌' 하면 IQ를 떠올린다. 이를 인지능력으로 보는데 머리가 좋은 거로 이해된다. 하지만 정서능력 EQ도 잘 발달해야 한다. EQ가 허약하면 안정감과 집중력이 약해진다. 공부와 사회생활을 잘할 수 없는 것이다. IQ는 높은데 뭐든 잘 안되거나 못하는 것이다. 늘 불안하며 산만한 경우라 하겠다.

공부할 때 잘 알아듣고 잘 기억하는 능력은 IQ이지만 공부를 잘하려 애쓰는 능력은 정서지능에 속한다. 둘 중 어느 것이 더 중요하다고 말하기는 어렵다. 삶은 IQ로만 작동되지 않는다는

---

99) 박문일 저, 『태교는 과학이다』, 프리미엄북스, 2009, 097쪽.

의미다. ~ 두렵거나 불안하거나 공포에 휩싸이면 인지능력이 마비된다. ~ 정서가 안정된 상태에서는 일이 잘 풀리고 인지능력도 상당히 높아진다.

이처럼 정서가 오히려 인지기능을 좌지우지하는 것을 보면 삶을 실질적으로 움직이는 원동력은 정서지능이라는 것을 알 수 있다. 그래서 정서지능을 '달리는 말에 올라타 있는 기수와 같다'고 표현하는 사람들도 있다. 정서지능이 인지지능을 이끌어 가는 기수라는 것이다.

IQ 차이로 인한 위험은 그리 크지 않다. IQ가 높은 아이든 낮은 아이든 기본적인 일상생활은 충분히 한다. 그러나 정서지능은 그 차이가 크다. 정서지능이 모든 것을 결정하기 때문이다. '감정 코치'라는 신교육 개념을 개발한 '존 가트맨 박사'도 정서지능의 위대한 힘을 강조했다. ~ 정서지능의 30%는 부모로부터 물려받으며 70%는 성장 과정에서 형성된다.[100]

윗글은 인간의 뇌가 작용하는 구성 중 한 부분을 언급했다. 삶은 IQ보다 EQ가 더 중요하다는 것이다. 그렇다고 IQ를 무시하라는 게 아니다. 둘 다 중요하니 고루 다 챙겨야 한다. 이러한

---

100) EBS 황준성 외 저, 『아이의 정서지능』, 지식채널, 2012, 48~49쪽.

밸런스는 태아 시절이나 이후 출생하여 살아가는 과정에서 발생하는 스트레스 호르몬에 의해 깨어진다. 주체에게 스트레스를 가장 많이 주는 대상은 1차 엄마, 2차 아빠다. 이것은 프로이트와 라캉의 정신분석학이나 사르트르의 실존철학에서 이미 증명되었다.

이처럼 과도하거나 지속적인 스트레스 호르몬 분비는 신체의 건강 유지에 필요한 다른 호르몬 분비에 장애를 유발한다. 이러한 상태에서 유년기나 청소년기를 보낸 사람은 깊은 트라우마를 갖게 된다. 후일 뇌에 부작용을 유발하는 상흔을 남기는 것이다. 그로 인해 뇌는 일상에 적합한 신경전달 물질 분비에 장애가 생긴다.

이때 사람은 신경증이나 정신증(병)을 일으킨다. 더 나아가 특별한 중독에 빠지기도 한다. 이러한 현상은 여러 가지로 나타나는데 본고에서 모두 다 다룰 수는 없다. 그중 주이상스(Jouissance)와 데카당스(decadence)를 언급하고자 한다.

주이상스는 정신분석학 용어인데 '죽음을 지향하는 쾌락'이라 한다. 데카당스는 미술 용어인데 문학에서도 사용되고 있다. 사전적으로는 '방종, 타락, 퇴폐, 쇠미, 조락'으로 이해된다. 타락과 퇴폐는 초자아적 관점에서 바라보는 시각이라 하겠다. 무의식의 관점에서 인식한다면 '현실의 나를 거부하고 미래의 나를 위해 탐미, 유미, 악마주의 지향과 더불어 죽음'을 일컫는 단어라 하겠다. 그렇기에 쇠미, 조락이라는 의미가 뒤따르는 것이다. 주이상스와 데카당스 두 개념들은 쇼펜하우어가 말한 '현실적 고통의 배척이며 동시에 해탈이며 부활'인 것이다.

인간은 쾌락을 지향하는 동물이라 했다. 그런 인간이 살아가면서 자존감을 상실하고 수치심을 느끼면 긴장하게 된다. 이를 극복하기 위해 자존감을 회복하고 수치심에서 벗어나려 한다. 이를 프로이트는 '자아 정립'이라 했다. 인간적 본능인 것이다.

그런데 사람이 오랫동안 긴장감에서 못 벗어나는 경우가 있다. 스트레스에서 벗어나지 못하는 것이다. 그건 수치심에서 벗어날 길이 없는 본질적인 것과 같다. 그는 아드레날린, 도파민, 엔도르핀 등 긴장을 풀어주고 즐거움을 주는 호르몬 분비 장애의 늪에 빠지게 된다. 오랫동안 스트레스에서 회복할 수 없는 긴장 상태에 놓인 것이다.

그럴 때 추구하는 마지막 쾌락의 지향점이 죽음이다. 인체는 죽음의 정점에서 아드레날린 등을 분비한다. 몸이 죽음의 고통을 잊으려 순간적으로 쾌감 호르몬을 분출하는 것이다. 그 때문에 정작 죽는 자는 죽는 순간 괴롭지 않단다. 쾌락과 닮은 몽롱한 상태가 되는 것이다. 죽음을 지향하는 쾌락이라 하겠다.

죽음을 지향하는 쾌락이 또 있다. 바로 오르가즘이다. 섹스와 결부된 오르가즘의 순간에 뇌는 다양한 쾌감 호르몬들을 분비한다. 대표적인 것으로 도파민, 엔도르핀 등이 있으며 오르가즘이 절정에 이를 때 옥시토신이 최고로 분출된다.

이때 남녀는 의식을 잃고 황홀감에 내몰린다. 그런 연유로 앞서 언급한 『눈 이야기』의 저자 조르쥬 바타이유는 에로티즘의 목적인 오르가즘을 '작은 죽음'이라 했다.[101] 그는 또 다른 저서에서 거듭 강조했다.

> 상상력을 동원하자면 절정에 이어 오는 침몰은 얼마나 심한지 차라리 하나의 작은 죽음이라고까지 말할 수 있다.[102]

이에 따른 바타이유의 '작은 죽음'에 관한 구체적인 해설이 있어 소개한다.

> 죽지 않으면서 죽음 저편의 세계로 살짝 넘어갔다 오는 길, 그리하여 욕망도 살리고 우리도 살리는 길, 에로티즘이 바로 그

---

101) 바타이유 저, 조한경 역, 『에로티즘의 역사』, 민음사, 2007, 248쪽.
102) ------, --------, 『에로티즘』, 민음사, 2009, 115쪽.

길이다.[103]

이러한 바타유의 이론적 성찰은 모순적이기도 하지만 역설적인 면모를 갖추기도 한다. 이에 대한 해설을 소개한다.

> 바타이유는 『에로티즘』의 이론적 성찰의 종결부에서 다시 한 번 모순과 역설에 찬 주장을 전개한다. 탄생 과정을 볼 때 에로티즘은 인간을 동물로부터 구분하는 변별점 가운데 하나였다. 그런데 바타이유가 말하는 에로티즘의 비밀은 다시 '인간을 동물로 만들기'에 있다.[104]

이렇듯 오르가즘의 순간은 인간에게 '작은 죽음'을 안기며 주이상스를 누리는 욕망에 빠지게 만드는 것이다. 이에 따른 속설 하나를 더 소개하자면 우울증에 관한 이야기다. 우울증 환자 중 60% 정도는 성생활이 원만하게 잘 해결되면 저절로 치유된다는 속설도 있다.

이런 속설을 참고로 삼자면 삶에서 긴장을 해소할 수 없는 누군가는 우울해지고 멜랑콜리에 빠지며 긴장을 해소할 쾌락의 정

---

103) 유기환 저, 앞의 책, 207쪽.
104) 위의 책, 202~203쪽.

점인 죽음을 지향하는 것이다. 『보봐리 부인』의 주인공 '엠마'와 같은 상태에 빠지는 것이다. 그게 바로 데카당스이고 주이상스인데 이는 라캉의 개념이다.

주이상스는 채식주의자 영혜에게도 적용된다. 채식주의자에서는 영혜가 죽음을 지향한다. 내세에 나무가 되려는 것이다. 영혜는 사람으로 살면서 지속적으로 긴장에 시달렸다. 어린 시절부터 가부장적 사회에서 끊임없는 스트레스에 시달렸다. 결혼 생활에서 섹슈얼리티도 바람직한 상황은 아닌 듯했다. 화자인 남편이 진술한 내용에서 인지할 수 있으리라. 영혜는 사는 동안 긴장에서 못 벗어난 것이다. 엔도르핀 같은 쾌감 호르몬이 주는 기쁨을 모르고 살았다. 마지막엔 멜랑콜리에 빠진 것이다.

그런 영혜가 산속에서 나무를 보면 긴장이 풀리고 즐거움을 느꼈다. 잠시나마 즐거운 것이다. 그동안 상실한 아드레날린, 도파민, 엔도르핀 등 긴장을 풀어주고 쾌감을 주는 호르몬 분비들이 살며시 되살아나려 한 것이다. 그 상황이 영혜를 길고 긴 긴장에서 벗어나 잠깐일지라도 쾌락을 느끼게 했을 것이다. 영혜는 숲속에서 멜랑콜리를 잠시나마 벗어버린 것이다.

영혜는 나무를 바라보는 게 즐거움이고 반복되다 보니 나무가 되고 싶었던 것이다. 인간적 삶으로 되돌아가기 싫었던 것이다. 그 느낌이 죽음과 나무로 이어진 것이다. 영혜에게 죽음만이 끊이지 않는 긴장에서 해방되는 길이었다. 영혜의 DNA 속 무의식이 인간 이전에 새겨진 먼 기억으로 쏠린 것이다.

채식주의 영혜와 마광수 선생은 닮았다. 마 선생도 자신이 처한 시공간에서 긴장의 늪에 빠진 것이다. 그로 인한 스트레스가 몸 안 호르몬 분비를 교란시킨 것이다. 그건 길고 지난하며 오래된 슬픔이었다. 몸을 건강하게 지탱하는 호르몬의 분비가 지속적으로 잘 유지되지 않게 된 것이다. 몸이 후천적 상흔에 휩싸인 것이다. 어느 순간부터 우울하고 인간적인 것을 털어버리고 싶었을 것이다. 회복할 길 없는 긴장의 수렁이 지겨웠으리라. 상실해 버린 쾌락을 지향하고픈 자신의 욕망이 지겨웠으리라.

그 고통을 죽음으로 청산한 소설의 주인공이 또 있다. 오스트리아 소설가 엘프리데 옐리네크(2004 노벨문학상 수상)가 쓴 장편소설 『피아노 치는 여자』[105]의 주인공 피아니스트 '에리카'다.

에리카는 사랑을 모른 채 음대 교수로 나이가 들어갔다. 그러다 금발의 제자 '클레메'와 사랑에 빠졌다. 클레메가 에리카를 버리고 젊은 여학생에게 가버렸다. 에리카는 클레메와 여학생이 함께 머무는 강의실 앞에서 칼로 자신의 배를 찔렀다.

에리카는 애정의 트라우마에 휩싸인 홀어머니와 살았다. 어머

---

105) 옐리네크 저, 이병애 역, 『피아노 치는 여자』, 문학동네, 2009.

니는 에리카에게 지나칠 정도로 이성과 사귀는 걸 통제했다. 그런 시간들이 에리카에겐 긴장의 연속이라 하겠다. 오랫동안 풀리지 않은 긴장은 오래된 슬픔이 된다. 그 스트레스 호르몬은 건강한 호르몬 분비를 교란했다. 에리카는 멜랑콜리 상태가 된 것이다.

나중에 에리카는 어머니 모르게 제자 클레메를 만나 사랑을 하게 됐다. 비로소 그녀에게서 스트레스 호르몬이 물러나고 쾌감 호르몬들이 분비되었다. 사랑 속에서 에리카는 행복했다. 그때만큼은 멜랑콜리를 벗어버린 것이다. 그리고 변태적 성향을 클레메에게 드러냈다.

에리카의 변태적 성향에 지겨움을 느낀 클레메가 젊고 건강한 여친를 찾아 떠나자 에리카 몸속 쾌감 호르몬들은 한꺼번에 사라졌다. 에리카는 다시 긴장과 우울에 빠진 것이다. 에리카는 사랑의 감정을 회복하고 싶었다. 그건 불가능했다. 대신 에리카는 자학을 선택했다. 본능적으로 자학이나 죽음에 다다를 때 분비되는 아드레날린 등 호르몬을 기대한 것이다. 죽음을 지향하는 쾌락이다. 주이상스라 하겠다.

나중에 이 소설은 미카엘 하네케 감독의 영화 《피아니스트》의 원작이 되었다. 2001년 칸영화제 사상 최초로 그랑프리와 남녀 주연상을 모두 석권한 영화다. 로만 폴란스키 감독의 《피아니스트》와는 다른 영화다. 후자의 영화는 2차 세계대전 당시 피아노 치는 도피자와 독일군 장교의 이야기를 다루었다. 2002년 칸영화제의 황금종려상 등 다수의 영화제에서 많은 수상을 했다.

이제는 주이상스에 이어 데카당스를 살펴본다. 이 두 개념은 서로 연결되었다. 둘을 분리해 논하기는 어렵다. 데카당스는 미술 용어인데 문학에서도 많이 쓰인다. 사전적으로는 방종, 타락, 퇴폐, 쇠미, 조락이라 하는데 이 번역에는 문화적 한계가 있다. 본고에서는 이 문화적 한계점을 넘어서려 한다. 이를 잘 보여주는 사례가 프랑스 문단에 남아있다.

프랑스의 시인 '테오필 고티에'는 시인 '샤를 보들레르'와 친분이 두터웠다. 보들레르가 세상을 떠나자 고티에는 보들레르의 시집 『악의 꽃』 서문에 '보들레르는 데카당스 시인'이라 기록했다. 이는 그 당시 데카당스에 대한 모욕적인 평가를 새로운 문학에 대한 명예로운 칭호로 바꾼 것이라 하겠다. 이후 5년 뒤에 고티에도 세상을 떠났다.

데카당스는 사회적 진보에 대한 미학적 반성이라는 의미를 띠고서 그 후로 오랫동안 긍정적인 예술적 함의를 유지하게 된

다.[106]

보들레르가 사망한 1867년 즈음에 데카당스는 랑그 언어에서 파롤 언어로 전환되는 것이다. 사회적으로 일반화된 언어에서 벗어나 보편성을 지향하게 되는 것이다.

> 데카당스는 점차 예술적 위험을 표시하는 명예 칭호로 새로이 격상된다. 그리하여 문화적이고 미적인 의미에서 데카당스는 역사적 형태의 데카당스와는 전혀 다른 차원으로 나아간다.[107]

윗글에서 문화적이고 미적인 의미의 데카당스는 파롤이고 역사적인 데카당스는 랑그라 하겠다. 랑그적 언어 데카당스가 파롤적으로 변태한 것이라 하겠다. 파롤적 언어 데카당스가 내포한 쇠락이나 타락은 기존의 사회적 질서를 해체하려 드는 것에 대한 평가일 것이다.

그렇기에 데카당스는 아방가르드이며 유미주의, 탐미주의, 심미주의, 악마주의로 통하기도 한다. 이러한 데카당스는 예술지상주의를 추구하는 것이다. 사회적 통념을 외면하기에 절대적으

---

106) 오양진 저, 『데카당스』, 연세대학교 출판부, 2008, 15쪽.
107) 위의 책, 22쪽.

로 낯선 것을 지향하는 것이다. 이러한 것들을 미학으로 제시한 것이다.

> 아도르노는 바로 그런 가능성을 이른바 '부정의 변증법'이라는 논리를 통해 '미학 이론'으로 정립했다. ~ 그는 먼저 예술은 사회에 속하면서도 사회와 반대되는 위치에 있는 '이중적 성격'을 가진다고 주장했다. 역설적이지만 '외부세계와 예술작품의 커뮤니케이션은 이 커뮤니케이션을 거부함으로써 이루어진다'는 것이었다.[108]

이렇듯 데카당스는 반사회적이라는 비난을 들을 만큼 기존의 통념에 대한 의도적인 반발이었다. 『악의 꽃』의 보들레르와 『거꾸로』를 쓴 위스망스를 예로 들 수 있겠다. 이들은 어떤 것을 위한 예술이 아니라 그냥 예술을 위한 예술에 도취된 것이다. 이를 진정한 예술이라 할 수 있을 것이다.

19세기를 지나 20세기에 이르러서 마침내 예술은 사회적인 성격을 완전히 상실하고 '예술만을 위한 예술'이라는 심미주의의

---

108) 위의 책, 128쪽.

극단을 보게 된다. 이것이 바로 아방가르드 운동의 실질적인 성격이었는데, 아방가르드의 극단적 심미주의는 예술을 생활의 실천으로부터 완전히 분리함으로써 절대적인 순수의 영역에 도달하였다.[109]

대중을 위한 예술이나 사회에 융합하는 예술은 많이 존재한다. 너무 많아 셈하기 쉽지 않을 것이다. 그에 반하여 예술을 위한 예술은 얼마나 될지 궁금하기도 하다. 모르긴 하지만 눈에 띄지 않아 헤아리기 어려울 듯하다. 예술을 생활의 실천으로부터 완전히 분리한다는 심미주의 등은 데카당스의 꽃일 것이다. 군계일학이리라.

이러한 관점에서 채식주의자도 탐색할 필요가 있다. 영혜가 지향하는 채식주의는 데카당스의 시작이다. 육식의 거부는 가부장적 현실에 대한 반어법과 모순어법이며 충돌 어법의 실마리라 하겠다.

몸에 박힌 몽고반점과 몸에 그린 꽃나무의 동일시는 작가만의 언어를 창조한 것이다. 영혜가 옷을 훌라당 벗거나 이불을 동굴

---

109) 위의 책, 133쪽.

처럼 말아 놓은 것은 사회에 대한 부정의 변증법이라 하겠다. 데카당스의 전개로 보이기도 한다.

　영혜가 형부와 벌이는 반사회적 행동은 데카당스의 절정이리라. 아울러 주이상스를 지향하는 것이다. 사회 통념으로 추하다고 인식하는 것에서 아름다움을 추구하는 심미주의라 하겠다. 유미주의이며 탐미주의라 하겠다. 악마주의까지 확장할 수 있으리라. 이를 위 제시문에서처럼 예술을 위한 예술이라 말한다.

　나중에 영혜가 나무가 되려 죽고자 하는 것은 주이상스라 하겠다. 영혜는 심미주의 쾌락에 빠진 것으로 보아야 한다. 죽음을 지향하는 쾌락인 것이다. 데카당스의 연장이다. 그렇기에 채식주의자 영혜는 데카당스와 주이상스의 연결선 상에 있는 것이다. 주이상스 없는 데카당스야 말로 절망이리라.

> 바랄 곳이 아무것도 없는 곳, 모든 것이 몰락을 향하고 있는 곳에 희망을 걸었다는 것이다.[110]

　윗글은 니체가 한 말이다. 이 말처럼 바랄 곳이 아무것도 없는 곳, 모든 것이 몰락을 향하는 곳에서 데카당스가 벌어지고 희망

---

110) 니체 저, 김남우 역, 『비극의 탄생』, 열린책들, 2016, 28쪽.

은 주이상스의 또다른 표현일 것이다. 또 니체는 한 인간으로서 행복하게 살아가길 거부하고 영혜처럼 스스로 몰락하는 행태를 비극적이라 말했다. 여기에서 몰락은 행복하게 살아가는 인간적 관점이라 하겠다.

⑥ 8요일

데카당스를 위해 폴란드에서 발간된 한 소설을 소개하려 한다. 마렉 플라스코는 26세에 장편소설 『8요일』을 발표한다. 파스칼 뒤켄이 다운증후군 환자 조지로 분장한 영화 『제8요일』과는 다른 소설이다.

『8요일』의 폴란드는 공산주의 국가이다. 당시에 폴란드에는 하룻밤 머물 싸구려 숙박시설들이 없었다. 총각 피에트레크와 처녀 아그네시카는 사랑하는 사이다. 둘은 잠시라도 함께 머물 방이 필요했다. 그들에겐 호텔에 묵을 돈이 없고 정부 관리의 허가도 필요했다. 처녀와 총각이 섹스하러 호텔에 머물도록 허가해 줄 관리는 없으리라. 총각이 숲속 으슥한 곳에서 처녀의 몸을 더듬으며 뭔가 시도를 했다. 처녀가 완강하게 거부했다.

"몸을 함부로 하고 싶진 않아. 이런 곳에선… 남의 눈에 띄잖아." ~

"언제까지 무작정 참고 기다려야 된단 말야? 차라리 지옥으로 가라고 하지."

"어쩔 수 없어요. 우린 좀더 참고 기다려야 해요."[111]

이렇듯 둘에겐 조그맣고 화려하지 않은 방이 필요했다. 하룻밤이면 되는 것이다. 그게 쉽지 않았다. 둘은 하룻밤도 아니고 잠시만이라도 머물 방을 구하느라 동분서주한다. 그러다 별 우여곡절을 다 겪는다. 둘 다 지쳐버리고 만다. 총각이 먼저 말한다.

"아그네시카, 이제 우리 그만 만나는 게 좋겠어. ~ 모든 걸 단념해버리고 추억만을 간직하는 게 더 나을 것 같아."[112]

총각과 다음을 기약한 아가씨가 건달인 오빠를 찾아가 말한다.
"오빠 권총 가지고 계시죠? 그걸로 나를 쏴 죽이세요. 엄마도 죽이구요. 그래도 마음이 내키지 않는다면 누구든지 상관말고 더 죽이세요. ~ "아그네시카, 너는 정말 멋진 인간이야. ~ 잔인성은 인간의 힘의 원천이며 기반이란 점을 너를 통해서 알았

---

111) 마렉 플라스코 저, 양혜윤 역, 『8요일』, 세시, 2008, 12~13쪽.
112) 위의 책, 162쪽.

어."113)

이렇게 아그네시카는 변해 갔다. 그녀가 다시 오빠에게 묻는다.

"오빠, 사람은 과연 어디까지 타락할 수 있는 건가요?"114)

이후에도 아가씨와 총각은 둘이서 잠시 머물 방을 구하려다가 지쳐버렸다. 그리고 비가 촉촉하게 내리는 날이었다. 그녀가 그의 손을 붙잡아 이끌었다. 전쟁으로 파괴된 폐허더미 속이었다. 뭔가에 발이 걸려 넘어지면 진흙을 짚고 일어서서 다시 걸었다.

이윽고 아그네시카가 ~ 쓰러지면서 피에트레크의 몸도 함께 잡아끌었기 때문에 그는 넘어진 아그네시카 가슴 위에 끌리어 넘어졌다. 아그네시카는 ~ 그의 바지를 벗기려 애를 썼다. ~ "이봐요 피에트레크, 어서 벗어요, 어서요." ~ "이 시간이 지나면 부끄러워서 할 수가 없단 말이에요. 그러니 자, 어서요. 멋쩍은 생각이 들기 전에 어서 하라니까요. 네? 아무렇지도 않아요.

---

113) 위의 책, 169~171쪽.
114) 위의 책, 178쪽.

아무 일도 아니예요."115)

그토록 연인과 누울 자리를 고르던 아가씨가 달라진 것이다. 질뻑한 흙 위에 드러누워 연인을 끌어당긴다. 이를 달갑지 않게 여긴 총각이 불쾌한 표정을 지으며 그냥 떠나버린다. 이로 인해 둘의 관계는 멀어진다. 나중에 총각이 진짜 자신의 방을 구한다. 그 방 키를 그녀에게 보여준다. 그러자 그녀는 그에게 이별을 선언한다.

여기에서 진흙탕은 폴란드 젊은이들의 절망이다. 개인의 자유가 박탈당한 공산주의 사회를 풍자한 상징물이다. 그 사회의 관점에서 볼 때 아그네시카의 변화는 타락이다. 아그네시카는 잔인성도 드러낸다. 그녀는 도덕적으로 나쁜가? 그녀를 타락하게 만든 사회와 제2차세계대전은 도덕적으로 선한가?

아그네시카의 타락에 본질이 무엇인가를 소설을 읽고 생각할 필요가 있다. 그 깊이가 허용되지 않는 독자는 아그네시카에게 돌멩이를 던질 것이다. 소설 채식주의자의 영혜에게 돌팔매질을 하듯.

한 쌍의 젊은 연인에게 잠시 머물 방을 허용하지 못하는 사람

---

115) 위의 책, 185쪽.

들과 그들을 지배하는 전후 사회가 병들어 있다는 걸 소설의 아그네시카가 보여준 것이다. 아그네시카는 그 체제에 저항하는 것이다. 그러다 안되니까 자신을 해체한 것이다. 그게 저항이고 타락이고 반항인 것이다. 바로 데카당스인 것이다. 그녀가 총을 맞아 죽고 싶어 하는 것이 주이상스라 하겠다. 여기에서 작가는 한 걸음 더 나아간다.

"나요? 신문기자요. ~ 가장 나은 직업을 갖고 있는 사람은 저 엘지비타인 것 같아요. 단순히 몸만 팔면 되는 매춘부니까. 그것은 기적과 환영이 없는 직업이라 할 수 있죠." ~ "그것은 직업이 아니고 모랄이에요. 확실한 매음, 이것이야 말로 오늘날 폴란드 여성이 도달할 수 있는 가장 큰 도덕적 지위니까요."[116]

윗글에서 대화체가 두 개인데 전자는 신문기자의 말이고 후자는 아그네시카가 한 말이다. 이 소설에서 작가는 '매춘이 가장 큰 도덕적 지위'라 했다. '기적과 환영을 기대하지 않아도 되니까'라 했다. 이 또한 당시 폴란드가 처한 사회성을 비난하는 시니피앙이라 하겠다. 해학적 이미지인 것이다.

---

116) 위의 책, 196~197쪽.

기자는 유부남인데 집으로 아그네시카를 유인했다. 아그네시카가 기자랑 몸을 섞었다. 그녀는 처녀였다. 침대에서 혈흔을 발견한 기자가 재수 없다며 화를 내고 그녀의 뺨을 두어 번 때린다. 곧 귀가하는 아내가 두려운 것이다. 만일 그녀가 창녀라면 뺨 맞는 대신 해웃값을 받았으리라. 아그네시카는 창녀보다 못한 처지였다.

창녀는 많은 소설에서 마돈나처럼 묘사되었다. 어떤 사회적 현실에 더는 저항할 힘이 없는 소설 속 주인공을 마지막에 보듬는 캐릭터가 창녀인 것이다. 자신을 억압한 사회적 체제 앞에 쓰러져 일어날 힘이 없는 주인공이 마지막으로 창녀에게 외치는 것이다.

'나의 누이여 나의 신부여 나의 마돈나여'

위 명제 중 '나의 누이여, 나의 신부여'[117]는 책 제목이다. 요즘은 『루 살로메』로 바뀌어 출판된다. 독일 사상가 루 살로메의 생을 다룬 내용이다. 그녀는 니체, 릴케, 프로이트 등 당대 서양 지성들과 두터운 친분을 쌓거나 사랑을 나누었다.

---

117) 페터스 저, 김성겸 역, 『나의 누이여 나의 신부여』, 청년사, 1978.

그 책에는 릴케의 주옥같은 사랑 시가 그녀와 주고받은 편지에서 시작된 거로 묘사됐다. 릴케의 작품들 중 많은 시들이 그녀와 나눈 사랑의 정감에 바탕을 두었다는 걸 잘 진술한 책이다. 그토록 난해한 릴케의 시가 이 책의 페이지를 넘기는 순간 갑자기 쉽게 다가오는 마법의 책이다.

니체의 철학적 사고도 그녀와 이루어진 교감에서 피어올랐다는 주장이 담겼다. '신은 죽었다'라는 니체의 정체성이나 니체가 2층에서 뛰어내리고 정신병원에 입원하게 된 동기도 그녀의 지성에서 출발했다는 것이다.

루 살로메는 독일 전통 기독교 집안 딸이다. 엄격한 집안의 가르침에도 불구하고 그녀는 루터교의 통념을 깨뜨리는 삶을 살았다. 한 여성으로서 자유로운 삶을 추구한 것이다. 독일 페미니즘의 선구자라 하겠다. 나중에 그녀는 '안드레아스'와 결혼했다. 그리고 남편에게 애인을 가지라 당부했다. 당연히 본인도 애인을 가졌다. 그녀는 데카당스로 루터교를 배척한 인물 중 하나인 것이다.

그녀가 죽자 당시 독일 상류층들은 기뻐했다고 한다. 그들은 살로메를 마녀, 창녀로 인식하며 많은 비난을 퍼부었다. 여러 남자와 정분을 나눈 여자인 까닭에 창녀라 비난한 것이다. 또 루터교에 먹칠했기에 마녀라 한 것이다.

그녀와 썸(something)을 탄 많은, 적어도 10여 명에 이르는 대상들은 다 지성이 넘치고 멋진 남성들이다. 그들은 살로메를 창녀로 보지 않았다. 대화가 되는 멋진 여성으로 대한 것이다. 독일 상류층 관점으로 본다면 니체나 릴케와 프로이트를 포함한 그 사내들은 창녀를 우러러보고 사랑한 게 되는 것이다. 그걸 보더라도 상류층과 지성은 별개라 하겠다. 당시 소수의 지성적 남성들은 외로웠을까. 창녀가 누이며 신부이고 마돈나였던 것이다. 요즘은 다르겠지만.

　그런데 소설『8요일』은 좀 다르다. 여타 전기의 스토리텔링이나 명작 소설들처럼 남성 캐릭터가 창녀를 추앙하는 게 아니다. 뜻밖에도 여성이 같은 여성인 창녀를 열망하는 것이다. 이 소설에서 창녀는 여성 아그네시카의 마돈나인 것이다. 이 점이 도스토옙스키가 쓴『죄와 벌』과는 다르다고 하겠다.

　폴란드의 젊은 한 쌍은 단순하게 섹스 해소 때문에 그러는 것은 아닐 것이다. 인간의 욕구를 청춘의 욕망을 옭아매는 사회적 시스템이 문제인 것이다. 그 부분에서 창녀는 아그네시카보다 조금이라도 더 자유로울 수 있으리라. 아그네시카는 창녀적인 자유를 열망한 것이라 하겠다. 폴란드 소설가 마렉 플라스코만의 낯설게하기이며 Aura로 여겨져 본고에 올린다.

⑦베로니카, 사랑의 전설

이 영화는 앞서 모계사회와 페미니즘을 다룰 때 소개했다. 위 소설 『8요일』처럼 보통의 가정집 여성이 창녀를 갈망하는 스토리다. 아내라는 처지를 역겨워하며 창녀의 자유를 부러워하는 내용이다.

아내라는 역할이 싫어 창녀가 되는 것이야말로 데카당스라 하겠다. 딸을 창녀로 만들려는 엄마는 몹쓸 사람인 것이다. 하지만 주어진 현실을 극복할 힘이 없는 여성으로서는 최선의 방법이리라.

여성뿐만 아니다. 주인공 베로니카를 찾는 남자들은 단순한 섹스가 목적이 아니었다. 베로니카가 말했다. 자신을 통해 남성들은 '이 세상에 없는 사랑의 꿈'을 찾아낸 것이라고. 베로니카를 공유한 남성들은 아내가 아니라 창녀에게서 파라다이스를 실현한 것이다. 그 사내들은 시대적으로 기독교적인 아내에게서 뭘 찾았는지 모를 일이다.

이를 두고 타락이나 퇴폐로 단정 짓는 것은 초자아 굴레에서 벗어나지 못하는 안목이라 하겠다. 당시 베네치아는 기독교 체제인 까닭에 베로니카를 마녀로 몰았다.

⑧채텔리 부인의 연인

이 소설도 앞에서 잠깐 언급했다. 그러나 데카당스를 두고 토론하자면 D.H.로렌스의 장편소설 『채털리 부인의 연인』을 빼놓을 수 없다. 로렌스는 영국에서 한 석탄 광부의 넷째로 태어났다. 로렌스가 1928년 이 소설을 탈고했으나 초판을 영국에서 출판할 수 없었다. '외설출판물법'에 위배된다는 이유였다. 나중에 이 책은 이탈리아의 피렌체에서 출판했다. 이어 프랑스와 미국에서도 보급판이 나왔다. 이 소설책 뒤에 달린 해설 한 꼭지를 소개한다.

> 영국신문 〈선데이 크로니클〉은 "이 책의 발매를 허가해선 안 된다. 이 작품은 문자 그대로, 차마 할 말이 없다. 외설과 성행위의 난잡함이 흘러넘치고 있다. 신문에 활자로 실을 수 없다. 길거리에서 사용하면 법정에 기소될 만한 언어가 난무하고 있다."고 보도했다. 이 소설은 탈고한 지 32년이 지난 1960년에서야 영국에서 재판이 발간되었다.[118]

이 소설이 로렌스의 모국인 영국에서 핍박을 받은 건 외설 탓이었다. 영국의 청교도적인 사회가 이 소설의 무의식적이고 관능적인 언어들을 배척한 것이다. 무려 32년이나 외면했다. 외설에

---

118) 로렌스 저, 유영 역, 『채털리 부인의 연인』, 동서문화사, 2008, 522쪽.

관하여 이 소설 뒤에 붙은 해설 중 일부를 소개한다.

인간이 출현한 이래, 인간의 육체와 육체적 행위는 늘 존재해 왔다. 육체나 육체적 행위가 더럽고 불결하다면, 인간을 만들어 낸 조물주를 원망해야 한다. 하지만 조물주를 부정하기에 인간은 너무나 비소한 존재다. 결국 인간은 조물주가 만들어 준 그대로 살아가야 한다. 그런데도 육체나 육체적 행위를 '외설'이라고 치부하는 것은 (조물주에게) 불손한 행위다. ~ '외설'이란 단어를, ~ 외설스러운 것은 ~ 인간이 만들어낸 왜소한 관념이다. ~ '외설'의 원흉은 육체 및 행위가 아니라, 그것을 바라보는 인간의 관념작용이라 할 수 있다. 로렌스는 이를 명확하게 구분해야 한다고 말했다.[119]

윗글은 참고 서적 끝에 달린 해설 중 일부다. 로렌스 나름 외설에 대한 관점을 피력했다. 외설은 인간의 편견이라는 주장이 담긴 글이다. 그렇다면 이 소설에서 외설이라 지목받는 내용을 짧게 살펴서 어떻게 데카당스와 주이상스랑 연결되는지 분석하겠다.

---

119) 위의 책, 523~524쪽.

소설의 배경은 제1차세계대전 중인 1917년이었다. 코니는 23살에 29살인 클리포드 채털리와 결혼해 채털리 부인이 되었다. 채털리의 부친은 남작이고 채털리는 작위를 이어받았다. 그때 채털리는 참전 중인데 결혼을 했다. 밀월을 마친 뒤 전장으로 돌아간 채털리는 벨기에의 전장 플랜더스에서 중상을 입었다. 하반신 불구가 된 것이다. 아이도 가질 수 없었다. 젊은 부부는 남편의 불구를 견디려 노력한다.

코니의 관능은 달랐다. 코니는 집안 하인인 근육질의 올리버 멜러즈와 사랑에 빠졌다. 이를 눈치챈 채털리가 멜러즈를 해고한 뒤 쫓아내 버렸다. 그때 코니는 멜러즈의 아이를 임신했다. 채털리가 아내 코니에게 임신한 아이를 자신에게 올려 채털리 가문의 대를 잇게 하겠노라 회유했다. 코니는 이를 거절했다. 코니가 집을 나섰다. 탄광에서 멜러즈를 찾아냈다. 둘이서 코니의 고향으로 떠났다.

이 과정에서 소설 속 코니와 멜러즈의 정사 과정이 청교도적이고 보수적인 영국 사회에서 문제가 된 것이다. 그때까지 공개적으로는 단 한 번도 듣도 보도 못한 성적 언어들이 이 소설에 쓰인 것이다. 영국 사회가 로렌스와 그의 작품들을 매장하게 된 주요 원인인 것이다.

이 소설은 단순한 스토리텔링이지만 코니의 도덕적 상실과 에로스의 충만을 묘사하는 언어들이 시종일관 외설적이었다. 그때까지는 그 어떤 작가도 쓰지 않은 금지된 언어들이었다. 그 금기를 로렌스가 깨뜨린 것이다. 본고에 다 소개할 수는 없고 한 컷만 들여다보기로 한다.

그녀는 이를 테면 바다와도 같았다. ~ 그 암흑 속의 어떤 덩어리를 일렁일렁 흔들고 있는 대해 같은 것이었다. ~ 마침내 그녀의 국부에 이르자, 침입물이 피스톤처럼 점점 깊숙이 들어옴에 따라, 더욱 더 안쪽에 닿고, ~ 그녀는 더욱 더 깊게, 깊게, 노골적으로 파헤쳐지고, ~ 그리고 마침내, 부드러운, 몸이 떨려오는 경련을 일으키며 그녀의 모든 원형질이 국소에 닿는 것이 있었다. ~ 사랑의 완결이 다가왔고 <u>그녀는 승천했다</u>. 그녀는 승천하고, 그 존재는 사라졌다. 그녀는 다시 태어난 것이다. 한 사람의 여자로서.

아, 너무나 황홀했어, 너무나 황홀했어! 그녀는 흥분이 식어가는 가운데, 그 황홀감의 모든 것을 실감으로 이해했다. 이제 그녀의 몸은 온통 부드러운 사랑으로 가득 차, 그 이름 없는 남자에게, 그리고 또 덧없이 맹목적으로 시들어가는 음경에, 매달렸다. 음경은 가득히 차있던 힘을 맹렬하게 찔러 넣은 뒤, 한없이 부드럽고 연약해져서, 어느새 물러가려 하고 있었다. 그 신비롭고 예민한 물건이 물러가며 그녀의 몸에서 빠져나가자, 그녀는 자신도 모르게, 아, 가버렸어 하고 소리치며, 다시 도로 찾으려 몸부림쳤다. 그것은 그야말로 더할 나위 없는 것이었다! 그녀는 그것이 말할 수 없이 사랑스러웠다.

그리고 이제야 겨우 그 작은 꽃봉오리 같은 과묵하고 부드러운 음경을 알게 된 그녀의 입에서, 다시 경탄과 비통의 작은 외침이 새어나왔다. 힘으로 가득했던 그것의 연약함과 덧없음을 탄식하고 슬퍼하는 그녀의 여심이었다. 그녀는 신음했다.

"아아, 정말 좋았어요! 정말 좋았어요!"[120]

이 소설은 3인칭 전지적 작가 시점으로 진행됐다. 그럼에도 로렌스는 남성의 에로스적 심리를 별로 다루지 않았다. 상대적으로 여성의 에로스적 심리가 대부분이었다. 로렌스는 여성의 심리가 남성의 심리보다 훨씬 더 기묘하다는 걸 독자에게 소설적 언어로 보여준 것이다.

위 예문에서 밑줄 그은 문장이 있다. 먼저 앞 문장을 탐색한다. 그녀는 '승천했다. ~사라졌다.'이다. 승천했다는 말은 죽어서 천국으로 올라갔다는 말이다. 곧 죽음을 말하는 것이다. 다시

---

[120] 위의 책, 275~276쪽.

말하면 그녀는 섹스가 주는 쾌락을 통해 죽음을 지향하는 것이다. 정신분석학적 용어인 주이상스로 이어지는 거라 하겠다.

다음으로 '그녀는 다시 태어난 것이다. 한 사람의 여자로서.'이다. 근육질의 멜러즈를 경험한 그녀는 어떤 경지를, 멀티 오르가즘을 알기 전 자신이 아니었다. 성적 쾌감의 임계치를 알기 전 그녀는 죽고 이후 성적 쾌감의 극한을 초월한 자신으로 거듭난 것이다. 그녀는 어떤 경지를 경계로 죽었다가 부활한 것이다. 그 징표가 "아아, 정말 좋았어요! 정말 좋았어요!"라는 외침이다. 이는 문학적으로 데카당스라 하겠다.

위 예문에서는 주이상스와 데카당스가 한데 묶여 이루어진 것이다. 이러한 언어로 된 이미지를 외설적이라고 단정 짓는 건 뭔가 잘못된 것 같다. 타락과 퇴폐로 지적받는 이 시니피앙에는 정신분석학적이거나 문학적 성찰이 담겼기 때문이다. 주이상스와 데카당스는 모두 현실에 대한 저항이며 환골탈태를 위한 몸부림이다. 주이상스와 데카당스만이 부조리한 세상에 대한 도전이다. 라캉이 주장한 실재(계)와 상상계이며 바로 예술성인 것이다. 이를 라캉의 『에크리』는 잘 설명하고 있다.

이를 외설로 단정 짓는 것은 역설적으로 주이상스와 데카당스를 촉발하는 것이다. 그렇기에 어떤 사안을 두고 한 가지로 단정 짓기보다는 다양한 시선으로 바라보는 여유가 필요한 것이다.

한 가지만 아는 것은 아무것도 모르는 것과 같다는 말이 떠오른다. 무지와 연결되는 것이다. 도덕적이고 윤리적이기만 한 관점을 두고 한 말이다. 예수가 말했다. '너희들 중 죄 없는자, 저 여인을 돌로 쳐라.'

⑨그레이의 50가지 그림자 – Sex는 宇宙的인 것

이 소설은 모두 6권으로 된 장편이다. 대학을 갓 졸업한 취업준비생 아나(아나스타샤 스틸)와 재벌 총각 그레이가 만나 사랑을 이루어 가는 스토리다. 그 와중에 아나는 재벌 총각 그레이가 변태인 것을 알게 되었다. 충격을 받은 아나가 그레이를 떠나려 했다. 그러나 아나가 생각을 바꿨다. 자신이 진정으로 그레이를 사랑한다면, 자신도 변태가 되어 그레이를 안아야 한다는 것이었다.

아나는 스스로 변태 성욕자가 되어 그레이의 욕망을 채워준다. 그 과정에서 아나가 그레이의 그림자들을 이해하고 지워가는 것이다. 변태적인 섹슈얼리티를 통해 인간의 상흔들이 치유되는 것이다. 이야말로 건강한 정신과 건강한 육신에 대한 역설적인 언어라 하겠다.

이처럼 단순한 스토리인데 장편으로 6권이나 된다는 게 이해가 되지 않기도 한다. 솔직히 말하자면 야한 내용, 외설적인 내용들로 가득 채워진 소설이다. 야한 동어반복도 상당히 많다. 읽다가 싫증이 날 정도다. 필자는 끝까지 읽지 않았다.

이 소설은 1인칭 주인공 시점인데 주인공 아나가 화자다. 섹슈얼리티에 대한 감흥이 철저하게 아나 기준으로 전개되는 것이다. 앞선 『채털리 부인의 연인』에서 어우러지는 남녀의 성적 교감이 채털리의 부인 코니를 중심으로 전개되는 것과 같은 맥락이다. 그 중 한 컷을 탐색한다.

다리를 그의 허리에 감으며 나는 ~ 그는 움직이기 시작했다. 진짜로 움직였다. 이건 사랑을 나누는 게 아니었다. 그저 섹스일 뿐이었다. 하지만 나는 좋았다. 신음이 흘러나왔다. 온통 날 것이며 온통 육체뿐인 동작이 나를 아주 음란하게 만들었다. 나는 그의 소유 속에서 쾌락을 누렸고 그의 정욕이 나의 정욕을 흔들어 깨웠다. ~ 그는 엉덩이를 옆으로 비틀었고 그 느낌은 날카로웠다.

나는 눈을 감으며 몸 안에서 쌓여가는 느낌을 즐겼다. 맛있게, 천천히, 계단을 올라가는 듯 쌓여가는 느낌. <u>나를 더 높이 높이, 천공의 성까지 밀어 올렸다</u>. 아, 그래…. ~ 나는 큰소리로 신음을 질러냈다. 내게는 오로지 감각만이 남았다. 온통 그에 대한 감각. 찔러 넣을 때마다, 밀어붙일 때마다 나를 채우는 느낌을 즐겼다. 그는 속도를 탔고 점점 더 빠르게, 더 거칠게, 찔러 들어왔다. 내 온몸이 그의 리듬에 맞춰 움직였다. 다리가 뻣뻣해지고 내 안의 장기가 떨리고 빨라지는 것을 느낄 수 있었다. ~ 그의 목소리에 담긴 열렬한 욕구가, 긴장이 나를 벼랑 너머로 밀어붙였다.

나는 채 말로 나오지도 않는 열정적인 애원을 내지르며 태양에 손을 대고 불에 타 그의 주위에서 떨어져 내렸다. 다시 숨도 쉴 수 없는 환한 지구의 정상으로 떨어졌다. 그는 내 안으로 쿵쿵 밀고 들어왔고 정상에 이르자 느닷없이 멈추더니 내 양 손목을 잡고 내 몸 위로 우아하고 말없이 가라앉았다.

우아… 전혀 기대하지도 못했는데. 나는 천천히 지구로 돌아왔다.[121]

윗글은 아나의 섹슈얼리티에 대한 감흥 중 한 대목이다. 예문의 밑줄 그은 부분들을 살펴볼 필요가 있다. '~천공의 성까지 밀어 올렸다' '~태양에 손을 대고 불에 타~'는 문장은 쾌락이 지향하는 죽음을 상징한다. 주이상스다. 필자는 이를 타락으로 여기지 않기에 데카당스는 언급하지 않기로 한다.

---

[121] 제임스 저, 박은서 역, 『그레이의 50가지 그림자 2』, 시공사, 2015, 154~155쪽.

필자가 천공이라는 단어를 국어사전에서 찾아보았다. 천공은 동음이의어로 다양하게 쓰였다. 그중 위 제시문과 연결되는 한자어를 골라봤다. 穿孔-구멍이 뚫리는, 天空-끝없이 열린 하늘, 天工-하늘의 조화로 자연히 이루어진 묘한 재주, 天公-우주를 창조하고 주재하는 초자연적인 절대자들이었다.

아나가 그레이와 섹스를 통해 '나를 더 높이 높이, 천공의 성까지 밀어 올렸다'라고 표현하는 것은 어떤 의미일지 독자들이 각자 다 알아서 이해할 일이겠다. 마치 소설 속 언어와 독자가 섹스를 즐기는 느낌이 먼저 들어야 하리라. 언어와 노니는 쾌락이 이보다 더할 수는 없으리라. 이러한 언어 구사를 두고 원작이거나 번역을 망라해 예술적이라 하겠다.

또 '~지구의 정상으로 떨어졌다. ~나는 천천히 지구로 돌아왔다.'는 부활을 의미한다. 이는 주이상스인 것이다. 여기에는 데카당스도 내포하는데 초자아와 상반되는 개념이다. 개인적 의지로 돌파할 수 없는 현실 앞에서 무너지고 저항하는 퍼포먼스를 초자아는 타락으로 몰아가는 것이다. 이 타락은 무의식적으로 자행하는 행위이기에 예술인 것이다. 라캉은 『에크리』에서 무의식의 행위가 가장 아름답다고 말했다. 이러한 무의식적이고 예술적인 묘사들이 이 소설에는 셀 수도 없이 많기에 본고에 다 적을 수 없다.

필자가 이 책을 구입한 때가 2015. 3. 9이다. 필자의 책이 2015. 2. 26. 초판 28쇄 발행분이다. 초판 1쇄 발행 날짜가 2012. 8. 8이다. 이 소설은 초판을 발행한 지 대략 3년 만에 28쇄를 찍었다. 한 권짜리가 아닌 여섯 권짜리를 말이다. 대충 100만권을 발행한 걸로 어림잡는다. 야하고 지저분하게 볼 수 있는 소설인데도 우리나라에서만 그처럼 많이 팔린 것이다. 초판 1쇄 발간 이후 10여 년이 되는 지금은 얼마나 팔렸는지 상상이 안 간다.

어떤 여성 독자가 "여자인 나도 모르는 여자가 들어있는 소설이야"라 말하기도 했다. 그게 바로 무의식적 일탈을 언급하는 것이다. D.H.로렌스의 장편소설 『채털리 부인의 연인』도 원고를 탈고한 1928년 이후 100년에 이르도록 세계적인 명작 소설이라는 명예를 유지하고 있다. 무의식은 피의 의식이라는 말과 天이 내린 色이라는 말이 되새겨지는 대목이다.

두 소설 다 영화로 만들어져 세계적인 명화로 탈바꿈했다. 이 두 컨텐츠의 스토리텔링이 주는 공통점은 섹슈얼리티 감흥을 여성적으로 주도해 나갔다는 점이다. 프로이트가 언급한 리비도를 여성의 관능적 무의식으로 피력했다는 공통점이 있는 것이다. 여기에서 로렌스가 말한 무의식을 탐색한다.

무의식은 어머니 뱃속에 수태되었을 때부터 존재한다. 따라서 무의식은 달리 말해 '원초 의식'이다. 태아와 신생아는 이 무의식에 따라 행동한다. 로렌스는 이를 근거로 '무의식은 생명 그 자체'라고 말했다. ~ 어린이가 성장함에 따라 비로소 '의식'이 생겨난다. 이때부터 정신활동 및 지적활동이 시작된다. 처음에는 '무의식'만 존재하다가 그 안에서 '의식'이 생겨나는 것이다. '의식'이 생긴 뒤에도 '무의식'은 사라지지 않는다. 사라지기는커녕 수면 밑에 숨어 있는 빙산처럼, 인간의 삶에 '의식'보다 더 큰 영향을 끼친다. 로렌스는 '의식'을 '지적 의식'이라 불렀으며 '무의식'을 '피의 의식'이라 했다. 현대인은 '지적 의식'에만 치우쳐 있다고 로렌스는 비판했다. 현대인은 ~ '피의 의식'을 부당하게 취급한다. 그리고 지적 의식으로 피의 의식을 억압한다. 예를 들어, 청교도주의 도덕은 '지적 의식'이며, 이것은 인간의 욕구를 부당하게 억압한다. ~ '피의 의식'은 식물이 자라나는 힘이다. '지적 의식'은 말하자면 꽃이다. 꽃은 아름답지만, 그것만 가지고는 존재할 수 없다. 그런데 현대인은 식물에 꽃만 존재하는 것처럼 생각한다.[122]

---

122) 로렌스 저, 앞의 책, 520~521쪽.

윗글에서 보여주는 것처럼 로렌스의 작품 세계는 무의식을 의식보다 더 크게 다루었다. 초자아적 관점들은 식물에서 꽃만 보지만 로렌스는 꽃의 뿌리를 더 크게 다룬 것이다. 여기에서 중요한 것은 로렌스의 무의식을 다룬 시니피앙이 특별하다는 것이다. 마치 꽃향기만 판치는 세상에 뿌리의 향기를 잔뜩 품은 소설을 내던진 것이라 하겠다. 그 때문에 대중들로부터 꽃향기를 해쳤다는 비난을 받은 것이리라. 그 비난의 중심은 종교적이라는 게 위 예문에 실렸다.

⑩『홍길동전』을 쓴 허균 - 色을 끊으면 天地가 끊기고

여기에서 무의식은 피의 의식이며 청교도주의 도덕은 지적 의식이라고 한 시니피앙과 닮은 언질을 한 조선의 소설가가 있다. 『홍길동전』을 쓴 허균이다. 허균은 조선왕 선조로부터 총애를 받았다. 많은 유림들이 안티 유림인 허균의 탄핵을 요청했으나 선조가 이를 물리칠 정도였다. 나중에 허균은 이인임이 역모로 몰아 능지처참을 당했다. 로렌스의 절망이 청교도 탓이라 한다면 허균의 절명은 儒家 탓이라 하겠다. 그 허균이 무의식과 초자아를 두고 한 말을 소환한다.

남녀 사이의 정욕은 天이요. 예법, 행검은 성인의 가르침이다.

나는 天을 따르지 성인을 따르지 않겠다. ~ 學은 인위이며 色은 천위입니다. ~ 여자를 미워할 수 없사옵니다. ~ 남녀의 정욕은 천도고 예법은 성도다. 나는 천도를 따르지 성도는 따르지 않겠다. ~ 색을 끊으면 천지가 끊기고 정욕이 끊어지면 우주가 끊긴다. 끊고 안 끊고에 인간이 있고 끊고 안 끊고에 삶이 있다.[123]

윗글에서 허균의 天이나 色은 로렌스의 피의 의식과 닮았다. 성인의 가르침과 예법인 學은 지적 의식과 다르지 않다. 허균은 조선의 유학자들 틈바구니에서 무위자연을 지향하는 유일한 선조의 신하였다. 이러한 허균과 로렌스의 시니피앙이 닮았다는 걸 발견한 필자로서는 즐거운 일이다. 플라토닉 러브의 진면목이리라.

그런데 허균과 로렌스와 한강의 시니피앙은 닮기도 하고 다르기도 하다. 채식주의자의 영혜와 형부가 사고를 치는 건 세 편의 소제목 중 가운데 배치된 「몽고반점」에 담긴 이미지다. 여기에서 화자는 3인칭 전지적 작가 시점이다. 먼저 채식주의자 본문 중 일부를 탐색하기로 한다.

---

123) 이병주 저, 『허균』, 나남, 2014, 343~423쪽.

모든 것이 완벽했다. 그러왔던 대로였다. 그녀의 몽고반점 위로 그의 붉은 꽃이 닫혔다 열리는 동작이 반복되었고, 그의 성기는 거대한 꽃술처럼 그녀의 몸속을 드나들었다. 그는 전율했다. <u>가장 추악하며, 동시에 가장 아름다운 이미지의 끔찍한 결합이었다.</u> 눈을 감을 때마다 그는 자신의 아랫도리를 물들이고 배와 허벅지까지 적시는 끈끈한 풀물의 푸른빛을 보았다.

마지막 체위는 그가 눕고 그녀가 그 위로 올라탔다. 역시 그녀의 몽고반점이 잡히도록 앵글을 잡았다. ~ 그가 견딜 수 없는 만족감으로 몸을 떨었을 때 그녀는 울음을 터뜨렸다. ~ 이따금 입술을 떨며, 줄곧 눈을 감은 채로 예민한 희열을 몸으로만 그에게 전해주던 그녀였다. 이제 끝내야 했다. ~

이 이미지는 절정도 끝도 허락하지 않은 채 반복되어야 했다. 침묵 속에서, 그 열락 속에서, 영원히. ~ 마지막 수분간의 섹스는 그녀의 이를 부딪치게 했고, 거칠고 새된 비명을 지르게 했고, "그만…"이라는 헐떡임을 뱉게 했으며, 다시 눈물을 흘리게 했다.

그리고 모든 것이 잠잠해졌다.(140~141)

먼저 위 세 소설가의 닮은 점을 살펴보겠다. 윗글에서 영혜와 형부는 서로의 몸에 나뭇가지와 이파리와 꽃을 그린 후 섹스를 한다. 나무를 키우는 건 뿌리라는 퍼포먼스인 것이다. 로렌스 말대로 하자면 체제와 형부라는 지적 의식이 피의 의식으로 승화하는 이미지인 것이다. 허균의 언어로 설명하자면 인위적인 學이 천위적인 色으로 발화하는 것이다. 바꿔 말하자면 섹스가 인간 존재뿐만 아니라 만물의 근본이라는 걸 보여주는 것이다. 위에 인용된 시니피앙이 허균과 로렌스의 시니피앙이랑 동일시되는 상징물이라 하겠다.

이제 다른 점을 골라보겠다. 윗글에서처럼 채식주의자의 열락은 남녀가 균등하게 묘사되었다. 객관적이거나 주관적인 묘사의 배치도 두드러졌다. 채식주의자에서 섹슈얼리티 장면은 위에 제시된 이미지가 전부라 해도 틀린 말은 아닐 것이다.

『채털리 부인의 연인』『그레이의 50가지 그림자』 세트와 비교하면 야한 게 아니라 하겠다. 이 두 소설은 200자 원고지로 수천 매에 이르는 장편소설들이다. 채식주의자는 800매쯤 되는 짧은 장편소설이다.

그렇다 보니 채식주의자에서는 야한 이미지가 단순하게 묘사되었을 것이다. 그럼에도 짧은 이미지에서 매력적인 특징이 넘쳐난다. 로렌스의 글이나 허균의 사상과 견줄만한 시니피앙이라 하겠다. 몽고반점과 나뭇가지와 푸른 이파리 또 꽃 들이 피의 의식으로 발화해 天과 色을 한눈에 보여주는 상징인 탓이리라. 이에 처제와 형부라는 지적 의식은 禮法과 學이라는 허균의 소멸 의식으로 전환된다. 이러한 위 인용 글은 발화와 소멸인 두 의식의 괴리가 융합되는 하나의 시니피앙이라 해도 무방하다.

　-섹스는 우주적인 것
　남녀의 생식행위는 추하면서 아름답고, 천하면서 귀하고 자연스러우면서 끔찍하게 여겨진다. 또 마조히즘이면서 사디즘인 것이다. 이러한 조화는 오묘하기에 바로 우주적인 것의 총칭이라 할 수 있다. 섹스가 없다면 생명체는 존재할 수 없다. 허균과 로렌스와 한강의 시니피앙에 딱 들어맞는다.
　그 우주적인 것을 사회적 관념에 따라 독자들은 이렇다 저렇다 평가하는 것이다. 그 평가는 영원한 것이 아니라 시대에 따라 장소에 따라 얼마든지 바뀌는 것이다. 하지만 섹슈얼리티는 영원하다. 노자의 곡신불사처럼 우주적으로 영원한 것이다.
　그 설왕설래를 채식주의자에서는 군계일학의 한 문장으로 갈무리했다. 밑줄 그은 '가장 추악하며, 동시에 가장 아름다운 이미지의 끔찍한 결합이었다.'라는 문장은 화룡점정이며 작가의 Aura라 하겠다. 소설가 자기만의 언어이며 창작의 주술이다.
　이처럼 소설가의 언어유희는 창조적이어야 한다. 그렇기에 예술인 것이다. 예술은 시니피앙을 이해하고 즐기는 대상이다. 시니피에를 붙잡고 실랑이할 초점이 아닌 것이다. 선과 악을 두고 따질 이미지가 아니라는 것이다.

7) 섹스는 예술이다

①호밀밭 파수꾼

바로 앞에서 시니피앙을 이해하고 즐기는 것을 예술이라고 말했다. 그런데 시니피앙의 범위를 언어적 표현으로만 한정해도 될 듯싶다. 시니피에-의미를 지닐 필요가 없기도 한다는 뜻이다. 육체 작용을 다시 말해 에로티즘만 가지고도 무의미의 가치로 인식한 시니피앙이 있어 소개한다.

> 그 책에서 불랑샤르는 여자의 몸이란 바이올린 같아서 제대로 연주하기 위해서는 훌륭한 연주자가 되어야 한다는 말을 하기도 했다. 정말 생각할 가치도 없는 책이었지만, 그 대목은 잊혀지지가 않았다.[124]

윗글은 샐린저가 쓴 『호밀밭 파수꾼』의 홀든이 언젠가 시시한

---

[124] 샐린저 저, 공경희 역, 『호밀밭 파수꾼』, 민음사, 2005, 128쪽.

책에서 읽은 멋진 문장을 기억해 진술한 내용이다. 여자를 바이올린과 동일시하면서 섹스를 연주라 했다. 연주자는 남성이며 둘의 교합은 예술이라는 의미로 다가온다. 연주에서 비트가 무슨 의미가 있는 건 아니지 않는가. 비트와 비트가 리듬을 위해 서로 사람처럼 존재하는 것이다.

> 섹스란 정신적이면서, 육체적인 경험일 뿐 아니라, 예술적이라
> 는 걸 알고 있어.[125]

윗글은 이 소설의 저자 샐린저가 주인공 홀든을 빌어 섹스가 예술이라는 걸 거듭 확인하고 강조한 내용이다. 바타이유가 섹스를 작은 죽음이라 하고 샐린저는 예술이라 한 것이다. 이를 다시 정리한다면 '섹스는 예술이고 오르가즘을 작은 죽음'이라 해도 무방하리라. 여기에서 오르가즘은 지극히 여성적이다. 남성은 단순하다. 여성의 오르가즘은 악보의 음표와 비슷하다. 어쩌면 여성의 오르가즘을 본떠 악보가 창조됐는지도 모른다. 그렇기에 성애-sex는 연주라 하겠다.

연주는 홀로 가는 길이다. 최고의 절창은 고독하다. 데카당스

---

125) 위의 책, 196쪽.

를 닮았고 주이상스를 노리는 거와 다르지 않다. 주이상스를 지향하는 데카당스는 외롭다. 최고의 연주자처럼 소설 속 주인공도 고독하다. 창작자는 홀로 스러진다. 예술의 길이다.

②채식주의자

채식주의자에서 영혜와 형부의 성애도 다르지 않다. 형부가 처제의 몸에 붓으로 그림을 그리는 건 연주하는 것이다. 여기에서 처제, 형부의 인척 관계는 지적 의식이고 人위적인 禮法이다. 그걸 허물어 버린 둘의 데카당스는 피의 의식이며 天위적인 色이다. 멈출래야 멈출 수 없는 우주의 영역인 것이다. 영혜의 오르가즘은 우주적인 것이며 천공의 영역이라 하겠다. 이 행위를 멈추면 우주가 소멸하는 것이다.

이때 영혜의 몸은 악기라 하겠다. 둘의 sex가 예술이라는 걸 보여주는 것이다. 영혜의 피부를 스치는 붓끝은 손으로 쓰다듬고 혀끝으로 핥아주는 것보다 더 감미롭고 자극적이리라. 악기에 자신의 감정을 전달하는 연주자는 악기를 애무하는 것이다. 연주자의 애정에 따라 악기도 반응한다. 악기는 영혜와 다르지 않다. 연주는 연주자와 악기, 이 둘 만의 오롯한 시공이다. 악기에 대한 애정 없이 연주가 잘 될 리 없다. 형부와 영혜의 성애는 문명에서 벗어나 자연으로 돌아가는 이미지라 하겠다.

몸에 그린 꽃도 다르지 않다. 나무의 꽃은 바람과 햇살의 애무를 받고 핀다. 영혜의 몸은 성애로써 개화한다. 몸에 그려진 이 파리와 꽃으로 인해 영혜의 몸은 이때 이미 나무가 되는 것이다. 나중에 영혜가 나무가 되려는 이미지의 복선이라 하겠다. 한강 소설가의 치밀한 구성이며 장치이고 소설적 문체라 하겠다. 작가만의 언어이고 Aura로 받아들여야 한다.

③싯다르타

섹스를 성애의 예술로 그려낸 소설이 또 있다. 헤르만 헤세가 쓴 장편소설 『싯다르타』를 말한다. 청년 싯다르타는 깨달음을 얻으려 출가해 스승을 찾아 나선다. 그는 스승들을 만나지만 스승의 수행 방식에 의심의 끈을 놓지 못한다. 그는 스승의 뒤를 좇는 수행을 버리고 홀로 만행의 길을 떠난다. 강을 건너 저잣거리에 들어선다. 여인 카말라를 만나다.

> 그는 아름다운 카말라가 일러준 시간에 아름다운 옷을 입고 멋진 신발을 신고서 그녀를 찾아갔으며, ~ 그녀의 붉고 영리한 입은 그에게 많은 것을 가르쳐주었다. ~ 사람은 누구나 쾌락을 주지 않고서는 받을 수 없으며, 몸짓 하나하나, 모두 제각기 비밀을 지니고 있으며, ~ 그 비밀은 자극받아 깨어나면 그 비밀

을 아는 사람에게 아무 때라도 행복감을 안겨줄 준비가 되어 있다는 것이었다. ~ 둘 중 어느 한쪽이라도 질렸다든가 허전하다든가 하는 마음이 생기거나, 상대방을 강제로 범했다든가 상대방에게 강제로 당하였다는 나쁜 감정이 생기는 일이 없도록 해야 한다는 것도 가르쳤다. 그는 이 아름답고 영리한 여자 예술가 곁에서 황홀한 시긴들을 보냈으며, 그녀의 제자가 되었고, 그녀의 애인 겸 친구가 되었다. 그가 살아가는 현재 생활의 가치와 의의는 카말라한테 있는 것이었지, ~[126]

윗글에서처럼 소설 속 싯다르타는 만행에 나서 만난 카말라와 사랑에 빠진다. 그에게 스승을 좇던 수행은 미흡했다. 함께 사랑을 나눈 여인 카말라가 진정한 스승이었다. 여기에서 헤르만 헤세는 싯다르타의 연인 카말라를 예술가로 표현했다.

싯다르타가 떠난 옛 스승은 마음의 정진을 가르쳤다. 그를 붙들어 맨 스승 카말라는 몸의 쾌락을 선물했다. 그는 정신적 깨달음보다 몸의 깨달음에 정진한 것이다. 몸의 쾌락이 예술이었다.

뒷날 싯다르타는 연인 카말라를 떠난다. 그녀가 싫어 떠난 게 아니다. 만행을 마친 것이다. 자신이 청년 시절 건넌 강나룻터에

---

[126] 헤르만 헤세 저, 박병덕 역, 『싯다르타』, 민음사, 2010, 99~100쪽.

서 뱃사공을 하던 중 늙고 초췌한 카말라와 아들을 만난다. 카말라는 뱀에 물려 죽고 아들은 저잣거리로 떠난다. 아들은 싯다르타의 삶을 복기하듯 살아간다. 비로소 싯다르타는 강가에서 깨달음을 얻는다. 空을 얻는다.

④엄마가 알을 낳았대

이제 그림책 한 권을 소개하려 한다. 그림책은 일반적으로 어린이들이 주 독자로 인식돼 있다. 요즘은 좀 달라진 듯하다. 어른을 위한 그림책도 많다. 여기에 소개한 그림책『엄마가 알을 낳았대!』는 어린이용인지 성인용인지 아니면 공용인지 헷갈린다. 허균의 天이나 色을 그리고 로렌스의 피의 의식과 닮은 시니피앙이다. 어떻게 보면 무척 야한 그림책이라 할 수 있겠다.

이 책은 엄마, 아빠가 자녀인 남매에게 애가 어떻게 탄생하는지 가르치는 문장으로 시작한다. 그런데 부모가 애들에게 얼토당토않은 말을 한다. 허균이 말한 學이며 로렌스가 주장한 지적 의식과 맥락을 같이하는 시니피앙이다.

나중엔 애들이 나서서 부모의 學과 지적 의식을 바로잡는다. 애들이 부모를 가르치는 것이다. 지적 의식이 미약한 애들의 피의 의식이 진행된다. 天이고 色이라 하겠다. 애들이 종이에 인체 구조와 생식기를 설명하며 남녀가 교미할 때 서로 힘을 합치는 모습을 스케치한다. 天이며 色이고 피의 의식을 보여주는 것이다. 섹슈얼리티 체위를 애들이 종이에 그리는 것이다. 그림책에는 애들이 그린 남녀 교접 체위가 다양하게 묘사된다. 정상체위, 여성상위, 후배위, 부부교합(마주 앉아 껴앉는) 자세, 필자가 뭐라 말할 수 없는 포즈까지 망라했다.[127]

뒤이어 애들이 수정과 착상을 거쳐 출산까지 과정을 그림으로 그려낸다. 이 책 마지막 두 쪽은 지구상에서 짝짓기하며 살아가는 대부분의 동물들이 등장한다. 그림 속 부모는 놀란 표정을 짓는데 오히려 애들은 즐거워한다. 이 책을 읽고 난 뒤에는 성적 체위를 표현한 스케치들이 야한가? 안 야한가? 라는 화두가 남는다. 진짜, 야하다!

이 세상에는 누군가 던진 돌멩이에 맞아 비참해야 할 야한 사물은 없다. 지구상에 존재하는 동식물들은 다 발가벗고 다닌다. 그것들은 생식기를 감추지 않는다. 인간에게 친근한 가축들은 아무 데서나 흘레를 한다. 벌과 나비들은 아무렇게나 수정을 한다. 그러한 행위에 대해 그 누구도 야하다 비난하지 않는다. 오히려 아름답다고 감탄한다. 오직 인간만이 인간에게 야하다, 추

---

127) 배빗 콜 저, 그림, 고정아 역, 『엄마가 알을 낳았대!』, 보림출판사, 2015, 22~23쪽.

하다며 핍박하는 것이다.

사람 시야에 노골적으로 드러낸 생식기가 있다. 바로 꽃이다. 꽃이야말로 나무의 생식기가 까발려진 것이다. 사람들은 거기에 코를 박고 향기를 즐긴다. 거기에 열린 나무의 2세들을 맛있게 먹기까지 한다. 아름답다 향기롭다 칭찬을 아끼지 않는다.

야한 꽃이 아니듯 야한 문학은 없다. 예쁜 꽃이 예술이라면 야한 문학도 예술일 뿐 그 어떤 것도 아니다.

8) 왜, 꽃인가

꽃은 채식주의자에서 핵심 objet이다. 주요 등장인물들 몸에 붓과 물감으로 꽃밭을 만든다. 형부가 영혜 몸에 꽃을 그려 넣는다. 대학 동기 M의 작업실이었다.(97~104) 후배 J의 몸에도 꽃을 그린다.(120~125) 나중에 영혜는 J의 몸에 핀 꽃들을 그리워한다.(131) 그 여파로 형부가 자신의 몸에도 꽃을 새기고자 한다. 그는 4년간 연애 끝에 헤어진 옛 애인 P를 전화로 불러낸다. 그녀에게 부탁하여 자신의 몸에 꽃과 푸른 이파리가 만발하게 한다.(133~137)

이쯤에서 마지막으로 꽃을 그려 넣는 주 대상이 하필이면 왜 처제 영혜인가, 라는 의문을 갖는다. 그가 반드시 처제여야 한다는 영감은 몽고반점이 절대적이다.(74) 이어 영혜의 동맥에서 넘쳐 나온 피들로 전개된다. 이러한 상황들을 그가 운명에 대한 해독할 수 없는 충격적인 암시로 받아들인다.(87~88)

꽃에서 열매를 맺는다. 나무가 꽃으로 새끼를 치는 것이다. 열매는 종족 보존과 확산으로 이어진다. 꽃이 피고 져야 해결되는 일이다. 나무가 새끼를 치는데 꽃은 나무의 생식기다. 그렇다면 나무에서 꽃만 생식기인가, 라는 의문이 떠오른다.

나무는 열매랑 무관한가, 오롯이 꽃을 피워내는 나무라는 몸은 생식이랑 거리가 먼가, 라는 궁금증이 무의식처럼 존재한다. 따지다 보면 나무가 있기에 꽃이 피고 열매도 맺으며 번식까지 가능하다. 결국에는 몸통인 나무도 생식을 위한 장치인 것이다. 나무 전체가 생식기인 것이다.

이제 사람을 생각해 볼 때다. 사람의 생식기만 후손을 맞이하기 위한 도구인가, 라는 의문을 가져봐야 한다. 그 도구가 지탱하는 몸도 생식과 무관하지 않을 것이다. 몸이 있어야 한다. 몸이 건강해야 한다. 그래야 멜랑꼴리를 부르지 않는다. 잘 번식하려면 나무와 꽃처럼 아름답고 튼튼해야 한다. 영혜 몸에 그려넣은 꽃이 예술이라면 영혜 몸도 예술이다.

꽃 같은 그녀의 육체(147)

채식주의자에서 나무와 사람을 동일시하는 묘사가 이루어진 것이다. 꽃과 섹스가 바로 그것이다. 나무의 꽃과 사람의 생식기를 일치시키는 문학적 열정이 전개된 것이다. 형부와 영혜의 섹스는 꽃들의 향연과 동일하다. 인간의 섹스와 꽃들의 향연은 이질적인 이미지들이다. 한강 소설가는 이 두 이질적 이미지들을 문학적 언어로써 동일시한 것이다. 문학적 향연을 이루어낸 것이다. 채식주의자에서는 섹스도 축제인 셈이다. 파멸로 치닫는 형부와 처제의 섹슈얼리티도 따지고 보면 페스티벌인 것이다.

시간이 지나면서 부모는 죽고 자식들이 남는 건 자연적 현상이다. 그 과정에서 섹스가 이루어져야 한다. 사람은 몸을 섞고 꽃은 정받이를 한다. 정받이는 수정인데 몸을 섞는 행위다. 전자는 인위적이고 후자는 자연적이라고 말할 수는 없다. 둘 다 자연적인 현상이다. 그래서 섹스는 죽음의 연장이다, 라는 레비스트로스[128]가 한 말이 떠오른다. 아주 적절한 시니피앙으로 여겨져 소개한다.

처제와 형부의 통정을 꽃의 수정과 동일시하는 채식주의자의

---

128) 레비 스트로스(1908~2009), 벨기에 생. 인류학자, 『슬픈 열대』 등.

시니피앙이 사회적으로는 비도덕적이라 할 수 있다. 그 말은 지적 의식이고 學이다. 그러나 둘의 이미지는 자연적 색채를 머금었다. 피의 의식이고 天이며 色이다. 이제는 도덕인 것과 비도덕적인 것에 대한 가치를 잘 버무려야 할 때이다. 여기에 답은 정해져 있지 않다. 오롯이 독자들의 몫일 것이다. 이에 앞서 언급한 각주68) 내용을 거듭 강조한다.

문학이란 작가가 독자들에게 질문을 던지는 작업이다. 그 방법으로 이질적 요소들에게 동질성을 부여하는 묘사를 하는 것이다. 만물은 결국 하나이기 때문이다. 이때 전면으로 나서는 것이 어떤 가치 체계다. 이러한 랑가쥬를 통해 작가와 독자는 자신과 우주를 한 번쯤 되돌아보는 것이다. 소설 채식주의자는 그 질문을 몽고반점·꽃·짝짓기로 그려냈다.

3. 나무 불꽃

1) 왜 나무가 되려 할까

영혜는 육식을 거부하고 채식을 지향했다. 그러나 결말 부분에서는 채식조차 거부한다. 거식증에 빠진 것이다. 내장이 퇴화해 버릴 정도고 위산이 위벽을 자극해 피를 토하는 지경에 이르도록 음식을 안 먹는다. 그래서 인혜가 모과차를 먹이려 한다. 영혜는 그마저도 거부한다. 그러자 인혜가 소리를 지른다.

"네가 죽을까봐 그러잖아!" 영혜가 대답한다. "…왜 죽으면 안 되는 거야?" 그 질문에 인혜는 대답하지 못한다.(189~191)

그에 앞서 영혜가 자신은 이제 동물이 아니야.(186)라고 말한다. 그렇다. 인간은 만물의 영장이나 고등동물이 아니라 그냥 동물이라 말하는 것이다. 인간도 건강한 짝짓기를 해야 번식하는 동물인 것이다.

밥 같은 거 안 먹어도 돼, 살 수 있어. 햇빛만 있으면. ~ 이제 곧, 말도 생각도 모두 사라질 거야. 금방이야. 정말 금방이야.

조금만 기다려, 언니.(186~187)

그 동물의 껍질을 벗어버리고 식물의 껍질을 몸에 두르고자 영혜는 울부짖는다. 그렇다면 영혜는 죽는 것이 아니다. 영혜는 살아 있고 몸에 두르는 껍질만 계속 바꾸는 것이 된다. 언제까지 그럴까? 영원히, 그렇게 지구상에서 존재하는 것이다. 이와 비슷한 모티프가 참을수없는에도 나온다.

> 그녀는 나무를 껴안고 몸을 떨며 흐느꼈다. 그것은 나무가 아니라, 그녀가 잃었던 그녀의 아버지, 한 번도 본 적 없는 할아버지, 그녀의 증조, 고조 할아버지, 거칠거칠한 나무껍질을 통해 그녀에게 뺨을 대주기 위해 아득히 먼 시간의 심연에서 온 무한히 늙은 남자인 것 같았다.[129]

윗글에서 그녀는 바람둥이 남편 토마스의 아내 테레사다. 테레사가 껴안은 나무는 영혜가 지향하는 나무와 서로 다른 이미지다. 영혜의 나무는 자신이고 테레사의 나무는 타자들이다. 그런데 이들 둘이 다르지 않고 결과적으로는 일치하는 것이다. 몽

---

129) 쿤데라 저, 앞의 책, 179쪽.

고반점과 꽃들을 동일시하는 이미지가 그걸 말해주었다.

채식주의자에서는 영혜의 몸에 새겨진 몽고반점을 두고 태고의 것, 진화 전의 것(101)이라고, 꽃잎 그림자 같다(102)고 했다. 이 몽고반점이 테레사의 나무와 시니피에가 일치하는 시니피앙인 것이다. 영혜가 나무로 환생한다 해도 몽고반점의 영원회귀성이 나무로 옮겨가는 것이다. 몽고반점이 영혜라는 사람 껍질을 벗고 영혜라는 나무껍질을 뒤집어쓴다는 것을 보여주었다.

이처럼 채식주의자에서는 몽고반점을 Objet 삼아 영혜의 몸을 나무와 동일시한 것이다. 이는 몽고반점의 영원회귀성뿐만 아니라 나무의 영원회귀성을 말했다. 몽고반점과 나무는 끝없이 진화하는 Object에 대한 상징물이다. 영원불멸하는 생명의 근원이 Thing라는 걸 말한 것이다. 그 물질들이 조화를 잘 이룰 때 생명이 사물로 존재하는 것이다.

> 생명에서 사물이 창조된다기보다는 사물에서 생명이 탄생하는 것이리라.

참을수없는에서 테레사가 껴안은 나무도 다르지 않다. 조상들을 들추며 테레사가 껴안은 나무는 몽고반점과 함께 만물의 영원회귀성에 대한 동일시의 이미지로 보아도 무방하다. 이는 나무와 사람이 하나라는 것이다. 나무도 아니고 사람도 아닌 모두가 그냥 통째로 자연이라는 것을 보여주기도 한다. 그러한 물질들이 서로 영원히 돌고 돌아 끝이 없다는 말과 다르지 않다. 물아일체이며 니힐리즘이고 무위자연론이다.

　채식주의자의 영혜는 이러한 우주적 섭리에 따라 사물화 되겠다는 의지를 거식증으로 드러낸 것이다. 타자와 다툼에서 우위를 차지해야만 하는 동물적 사물에서 벗어나 보다 평화로운 상태의 식물적 사물이 되고픈 것이다. 더 나아가 폭력성도 자연이고 평화도 자연(?)이지만 '인간의 폭력성'에서 벗어나자는 것이다. 끊일 줄 모르는 폭력도 쉬는 틈새가 있는데 이걸 평화라 하기에 필자는 자연으로 본 것이다.

2) 파르메니데스와 노·장자

　자연은 우주적이다. 우주를 논하는 영원회귀성은 무위자연론과 더불어 만물이 자연이라는 것을 말한다. 영원회귀는 서양 니힐리즘의 핵심이며 무위자연은 동양 도가의 중심이라 하겠다. 이 둘은 서로 다르지 않은데 본질적으로 같은 방향을 지향한다.

　노장자의 道家는 무위자연론의 상징으로 통한다. 자연무위론으로 부르기도 하는데 불가지론(不可知論)으로 이어진다. 사람은

道를 알 수 없다, 라는 명제로 나아가는 것이다. 사람의 안목과 식견으로는 道라는 만물의 길을 오롯이 꿰뚫어 볼 수 없다는 뜻으로 이해된다. 그러니 道를 두고 사람이 말로 하는 게 무슨 의미가 있냐는 뜻이리라. 말로 하는 순간 이미 道가 아니라는 거로 이해된다.

道可道 非常道 名可名 非常名
(도가도 비상도 명가명 비상명)
無名 天地之始 有名 萬物之母
(무명 천지지시 유명 만물지모)
― 이하 생략 ―

윗글은 『도덕경』 제1장이다. 이를 직역하자면 '도를 도라 하는 건 도가 아니고 이름을 말하는 건 이름이 아니며 이름 없는 것이 하늘과 땅의 시작이고 이름 있는 것은 모성이다.'라고 할 수 있겠다.

이를 의역하자면 '우주의 길은 말로 다룰 수 없는 오묘한 것이고 어떤 것에 이름을 붙여도 그것의 이름이 아니며 하늘과 땅의 근원은 이름이 없으나 기르려(母, 욕심) 할 때 이름이 붙는다.'라고 하겠다. 다시 말해 '우주 만물(道)은 말로 할 수 없기에 말이 필요 없다.'라고 할 수 있다. 이것은 '도를 두고 말을 하면 안 돼.'라고 딱 자르는 것과는 다르겠다.

위 『도덕경』 제1장에서 有名 萬物之母는 우주적 확장보다 개인적 축소라 하겠다. 우주의 어떤 것을 개인이 소유하려 할 때를 말한 것이다. 그 소유는 유한하기에 우주와 상관없는 이름이 허용된다는 것이다. 우주는 개인이 소유할 수 없기에 영원하다는, 거기에 이름이 붙을 이유가 없다는 뜻이다.

> 天地所以能長且久者, 以其不自生, 故能長生.
> (천지소이능장차구자, 이기불자생, 고능장생)
> 천지는 영원하다. 천지가 영원한 까닭은 그 생을 자기 것으로 삼지 않기 때문인데 … [130]

윗글은 노자의 『도덕경』 제7장이다. 장일순 선생과의 대담을 이현주 목사가 정리한 글이다. 천지가 영원한 까닭은 그 생을 자기 것으로 삼지 않기 때문이라 했다. 자기 것은 유한하고 자연은 무한하다는 시니피앙이라 하겠다. 자연 속에서 나, 너는 무의미하다는 걸로 이해할 수 있다. 아랫글은 『도덕경』 제40장이다. 만물

---

[130] 이현주 편, 『무위당 장일순의 노자이야기』, 삼인, 2003, 111쪽.

은 생겨남과 사라짐의 끊임없는 반복 현상이라는 시니피앙이다.

  돌아감이 도의 움직임이요 약한 것이 도의 기능이니, 세상 만
  물은 유에서 생겨나고 유는 무에서 생겨난다.[131]

 이 글은 『般若心經』에 나오는 色卽是空 空卽是色(색즉시공 공즉시색)과 다르지 않다. 그렇다면 만물의 본질에 대해 궁금증이 일어난다. 만물이 무엇인가를 생각해 봐야 한다. 만물은 질량에 의해 존재한다. 질량이 없는 물체는 존재하지 못한다. 비물질이라는 이론이 있긴 하지만 본고에서는 다루지 않겠다. 이에 따른 이론으로 '질량보존의 법칙' 또는 '물질불멸의 법칙'이 있다. 어떠한 경우에도 우주나 지구의 질량은 변하지 않는다는 태고의 진리를 정립한 것이다.

 라부아지에(Lavoisier, Antoine Laurent · 프)가 1774년에 발표했다. 만물에서 어떤 것이 태어난다고 해서 새로운 출현이 아니고 사라진다고 해서 아예 소멸하는 것이 아니라는 시니피앙이다. 눈앞에 보이는 물질의 생성과 소멸은 우주에 존재하는 어떤 것의 끊임없는 변모라는 것이다.

---

131) 위의 책, 392쪽.

이 이론에 비추어 볼 때 소설 채식주의자의 몽고반점이나 영혜가 지향하는 나무는 자신들과 서로 다르지 않은 물질들이다. 소설 참을수없는의 테레사가 껴안은 나무도 만물 중 만물이라는 우주론적 이미지인 것이다. 그것들이 과거 현재 미래를 관통하는 물질로써 존재하는 불변의 질량이라는 것이다.

만물이 그럴진대 죽는 게 뭐가 이상하냐고 반문하는 영혜의 "…왜 죽으면 안 되는 거야?"(191)라는 시니피앙은 우주론적 이미지이고 영원회귀성이라는 상징을 담았다. 이러한 복합적인 관념들을 바탕으로 할 때 소설 채식주의자는 무위자연론과 밀접한 연관이 있다는 것을 알 수 있다.

무위자연론이 동양적이라면 서양에는 니힐리즘이 있다. 니힐리즘은 우리에게 허무주의로 잘 알려져 있다. 그것은 니힐리즘을 잘못 이해한 것으로 볼 수도 있다. 어쩌면 왜곡되게 받아들였다 해도 무방할 것이다. 니힐리즘을 보다 선명하게 말하자면 영원회귀설인 것이다. '우주의 만물은 영원이 돌고 돈다'는 시니피앙이다.

그 선구자로는 파르메니데스[132]를 손꼽을 수 있다. 그는 고대 그리스 철학자이며 엘레아학파를 체계화했다. 그는 실체를 두고

---

132) 이탈리아 출생, BC 515~?, 고대 그리스 철학자, 엘레아학파 대표.

유일불가분(唯一不可分)이라 했다. 존재는 둘로 나눌 수 없는 하나라는 것이다. 不生不滅이기에 生과 死도 둘이 아닌 唯一이라는 것이다. 더 나아가 일체의 현상은 허상이라 말했다. 그의 글 일부를 소개한다.

> 그들에게는 있음과 있지 않음이 같은 것으로, 또 같지 않은 것으로 통용되어 왔다. 그리고 모든 것들의 길이 되돌아가는 길이다. ~ 그 이유는 이렇다. 이것, 즉 있지 않은 것들이 있다는 것이 결코 강제되지 않도록 하라. ~ 있다는 것은 생성되지 않고 소멸되지 않으며, 온전한 한 종류의 것이고 흔들림 없으며 완결된 것이라는. ~ 그것은 언젠가 있었던 것도 아니고, 있게 될 것도 아니다. 왜냐하면 지금 전부 함께 하나로 연속적인 것으로 있기에, 그것의 어떤 생겨남을 도대체 그대가 찾아낼 것인가. ~ 따라서 전적으로 있거나 아니면 전적으로 없거나 해야 한다.[133]

이러한 파르메니데스의 주장은 뚜렷하게 영원회귀나 무위자연을 담았다. 이는 동양의 도가와 같다. 그 시대에 동서양을 아우르는 사상이 동시에 존재한다는 건 동서양의 우주론적 입장이

---

133) 탈레스 외 저, 김인곤 외 역, 『소크라테스 이전 철학자들의 단편 선집』, 아카넷, 2016, 279~281쪽.

다르지 않기도 했다는 걸 보여준다.

파르메니데스의 사상은 유럽에서 쇼펜하우어와 니체로 맥을 잇는다. 바로 니힐리즘인 것이다. 서양의 니힐리즘은 동양의 무위자연론과 다르지 않다. 동서양을 가리지 않고 문학에서 주된 시니피앙으로 다루는 모티브인 것이다. 반대로 문학에서 안티 니힐리즘이나 안티 무위자연론은 찾아보기 힘들다.

지금껏 헤아릴 수 없을 정도로 많은 문학 작품들이 무위자연론이나 니힐리즘을 모티브로 삼아 창작을 이루어냈다. 영화들도 다르지 않다. 여기에서 무위자연론이나 니힐리즘은 주제성이다. 시니피에로 보아야 하는데 문학과 영화계에 무수히 널려 있다 해도 무방하다.

이미 주제성이 널려 있다고 작가가 창작을 포기할 수는 없다. 이때 작가는 시니피에가 아닌 시니피에를 둘러싼 자기만의 언어, 시니피앙을 창작하는 것이다. 그 언어를 문학이고 예술이라 할 것이다. 소설 참을수없는은 소설가 밀란 쿤데라의 언어이고 소설 채식주의자는 한강 소설가의 언어이다. 그들만의 시니피앙들에는 그들만의 Aura가 담겼다. 무위자연론과 니힐리즘이라는 시니피에를 담은 시니피앙인 것이다.

4. 심리적 관찰

1) 분석심리학과 칼 구스타프 융[134]

　채식주의자는 심리 소설이기도 하다. 더 구체적으로 다루자면 심리학의 카테고리에 포함되는 프로이트의 정신분석학이나 융의 분석심리학 측면에서 접근할 만한 스토리텔링인 것이다. 정신분석학이라는 용어는 지그문트 프로이트(1856년 오스트리아 태생, 정신과 의사, 현대 정신분석학 창시자)가 1900년 즈음 처음으로 사용했다.

　이후 융과 자크 라캉[135]이 프로이트 뒤를 이어 정신분석을 체계화했다. 프로이트는 정신분석학 이론을 창시했으며 융과 라캉이 보완했다. 본고에서 이 부분을 모두 언급할 수 없기에 채식주의자와 직접 관련된 융의 업적을 중심으로 다루고자 한다.

　융은 분석심리학에 콤플렉스란 용어를 처음 도입했다. 프로이트의 남녀를 포함한 개념인 오이디푸스 현상을 융은 오이디푸스 콤플렉스와 엘렉트라 콤플렉스로 분리했다. 이처럼 정신분석에

---

134) 1875년 스위스 태생, 정신과 의사, 프로이트와 함께 정신분석을 체계화했다.
135) 1901년 프랑스 정신과 의사. 언어학을 정신분석에 응용 현대화했다.

쌓아 올린 융의 업적들은 가볍지 않다.

그중 아니마와 아니무스를 손꼽을 수 있다. Anima는 남성 속에 잠재한 여성성이며 Animus는 여성의 내면에 배어든 남성성을 말한다. 이는 의식적이기보다는 무의식적 현상인 것이다. 인간의 DAN에 각인된 태곳적 미래인 것이다.

까마득한 옛날 언제인지 딱 찍어 말할 수 없는 그때 인간 조상은 자웅동체였다고 한다. 이후 오랜 시간이 흐르면서 보다 나은 후손을 얻고자 하는 자연선택적이거나 성선택적 진화 의식이 원시사회에 자리를 잡았다. 그로 인해 인간은 자웅이체로 진화한 것이라 한다.

그런데 한 몸이 두 몸으로 갈라질 때 이성에 대한 성향이 다 떨어져 나가지 않고 일부가 남았다는 것이다. 그것이 오늘날 아니마와 아니무스 현상으로 나타난 것이라는 신화적 스토리텔링인 것이다.

융은 아니마와 아니무스에 대한 모티브를 보다 과학적이고 체계적인 근거를 바탕으로 분석심리학 분야에 끌어왔을 것이다. 융은 신화에 커다란 비중을 두었다. 분석심리학의 바탕을 신화에서 가져왔다. 신화야말로 인간 삶의 근원이고 신탁이기 때문이다.

2) 테이레시아스

신화에 등장하는 인물 중 테이레시아스를 손꼽을 수 있다. 그는 그리스 신화에 나온다. 우리가 잘 아는 나르키소스, 오이디푸스 왕 들과도 연결이 된다. 그는 남성으로 살다가 여성으로 살다가 다시 남성으로 살았다. 그의 삶은 뱀들과 깊은 연관이 있다.

그에게 제우스와 헤라가 물었다. 남녀가 섹스할 때 어느 쪽이 더 즐거운지를 답하라는 것이었다. 신들의 지존이 어넨트[136]에 대해 테이레시아스에게 물은 것이다. 그가 답하길 남자는 백에 10~20이고 여자는 백에 80~90이 즐겁다고 대답했다. 그러자 헤라가 분노하여 그에게 저주를 내려 장님으로 만들었다. 제우스는 장님이 된 그를 안타깝게 여겨 예지력과 장수하는 힘을 주었다.

여기에서 헤라에게 유의해야 한다. 훗날 심리학자들은 헤라가 분노하며 테이레시아스를 장님으로 만든 건 '성적 수치심' 때문이라 분석했다. 여성들은 남성들 앞에서 뭔가 분명치 않은 이유로 '성적 수치심'을 갖는다는 것이다. 필자는 이를 두고 프로이트가 말한 '거세 콤플렉스'와 연결하기도 한다. 융이 언급한 '집단무의식'이라고도 하겠다. 거세 콤플렉스는 남성에겐 있는데 여성에겐 없는,

---

[136) 세풀베다 저, 정창 역, 『연애소설 읽는 노인』, 열린책들, 2015. 95쪽.

겉으로 봐서 눈에 띄지 않은 어떤 것에 대한 자괴감이라 하겠다.

그러한 헤라의 시절과 근현대는 비교가 안 될 만큼 다르다. 여성의 성적 수치심도 바뀌었을 것이다. 그와 관련된 시니피앙을 소개한다.

> 그 짧은 여름밤, 코니는 참으로 많은 것을 배웠다. 예전의 그녀라면, 여자는 수치심을 느끼면 죽어야 한다 생각했지만, 그 반대로 수치심이 죽어버린 것이다. 수치심, 그것은 공포다. 깊은 내부 기관에 대한 수치심, 인간의 근저에 숨은 까마득한 옛날부터 신체상의 공포. 그것은 육욕의 불길에서만 몰아낼 수 있는 것으로, 지금 마침내 그것(수치심)은 남근의 추구로 인해 숨은 곳에서 추방된 것이다.[137]

그리스 신화 '헤라'와 채털리 부인 '코니'의 감성은 대조적이다. 전자는 자신의 수치심을 챙기고 후자는 버린 것이다. 테이레시아스만 애꿎게 장님이 된 것이다. 어쩌면 억울하지도 않겠다. 그로 인해 그는 다른 사람의 7대에 버금가는 수명을 살았기 때문이다. 더 나아가 예언자, 신탁자, 지혜로운자로 칭송받았다.

---

137) D.H. 로렌스 저, 앞의 책, 377쪽.

그가 죽은 뒤에도 오이디푸스는 지혜를 얻기 위해 그를 만나러 지하 세계까지 찾아가기도 했다. 그가 장님이나 지혜로운 자가 되는 신화로는 아테나 여신과의 사건[138]이 또 있으니 참고삼기 바란다.

테이레시아스는 아니마와 아니무스 삶을 살았고 제우스와 헤라 앞에서 자신의 감성을 드러낸 것이다. 어쩌면 이 신화적 이미지는 인간이 자웅동체였다는 상징성일 수도 있다. 이러한 모티프를 채식주의자와 연결하려 필자는 한 작가를 더 소개한다.

3) 버지니아 울프

소설가 버지니아 울프는 1882년 영국 런던에서 태어났다. 1941년 정신질환을 비관하며 자살하기까지 여러 편의 소설과 문학비평을 썼다. 그녀는 1929년에 에세이 「자기만의 방」을 출판했다. 1938년에 출판한 「3기니」와 더불어 두 작품은 지금도 페미니즘에 있어 최고 가치로 평가받는다.

버지니아 울프는 「자기만의 방」에서 칼·융의 개념인 아니마와 아니무스를 언급했다. 이를 정신분석학이나 분석심리학 관점에

---

138) 이윤기 저, 『그리스 로마신화 2』, 웅진지식하우스, 2011, 235~237쪽.

서 쓴 것이 아니다. 작가가 글을 쓸 때 작가 정신으로써 아니마와 아니무스를 서술한 것이다. 작가가 창작할 때 어떠한 생각을 가지고 자기만의 시니피앙을 만들어내야 하는지를 다룬 걸로 봐야한다.

글을 쓰는 사람이 자기의 성을 염두에 두면 치명적이라는 것입니다. 순전한 남성 또는 순전한 여성이 되는 것은 치명적입니다. 인간은 남성적 여성이거나 여성적 남성이어야 합니다. ~ 의식적인 편향성을 가지고 쓰인 것은 필연적으로 살아남지 못하기 때문입니다. 그것은 비옥해질 수 없지요. ~ 창조적 예술이 이루어질 수 있으려면 먼저 마음속에서 여성성과 남성성이 협력해야 합니다. 마음속에서 반대되는 성들이 결합하여 신방에 들어야 하지요. ~ 남자와 여자가 함께 길을 가로질러 오는 것을 마음속으로 보면서, 또 멀리서 들리는 런던의 혼잡한 차 소리를 들으며 생각했지요. 택시에 그들이 탔고 그 흐름이 그들을 휩쓸어 거대한 물결 속으로 실어 갔다고요.[139]

윗글은 버지니아 울프가 아니마와 아니무스를 심리적 측면이 아

---

139) B·울프 저, 이미애 역, 『자기만의 방』, 민음사, 2006. 157~158쪽.

닌 글 쓰는 작가의 창작적 측면에서 재조명했다. 심리의 한 관점을 작가가 자기만의 시니피앙을 창작하는 동기부여로 확장한 것이다.

소개된 윗글에서 버지니아 울프는 6줄 중간까지에 자신의 생각을 진술했다. 나머지 세 줄 정도는 앞 진술을 뒷받침하는 이미지를 만들어 넣은 것이다. 한 쌍의 남녀가 택시를 타고 어떤 흐름에 휩쓸려 거대한 물결 속으로 실려 가는 묘사인 것이다. 이 또한 앞선 진술을 상징하는 시니피앙인 것이다.

작가가 쓰는 글들도 거대한 흐름이다. 그 속으로 들어가는데 남성적 편향성이거나 여성적 편향성만 가지고는 세상을 바로 표현할 수 없을 것이다. 이 세상은 남녀가 어우러져 살아가게 되어 있다. 한쪽으로만 쏠리는 작가는 세상도 한 쪽 만 볼 것이고 표현도 한 쪽으로 기울어질 것이다. 그래서는 안 된다는 버지니아 울프의 시니피앙을 소개했다.

이제는 위 버지니아 울프의 시니피앙과 테이레시아스의 시니피앙이 어떻게 조화를 이루는지 살펴봐야 한다.

남녀가 섹스할 때의 송가 어넨트는 여성에게 절대적인 것이라고 테이레시아스는 말했다. 그는 남녀의 삶을 모두 경험했고 그것을 합리적 관점에서 표현한 것이다. 이에 헤라는 그의 언어를 여성적 관점으로만 받아들인 것이다. 헤라의 여성적 입장에서 어넨트는 분명히 남성이 더 즐거워하는데도 말이다. 공감하지 못한 헤라는 화를 냈고 테이레시아스를 장님으로 만들어버렸다.

아무래도 헤라가 멀티 오르가즘의 감흥이 주는 어떤 경지에 도달한 경험이 없지 않을까, 라는 게 필자의 견해다. 그것을 바타이유는 작은 죽음이라, 샐린저는 예술이라 했다. 그렇게 친다면 바타이유와 샐린저는 테이레시아스와 동급이라 하겠다.

제우스는 문제가 많다. 어넨트를 놓고 헤라와 논쟁할 일이 아닌 것이다. 얼마나 제우스가 짜잔하면 헤라가 어넨트로 제우스에게 시비를 걸었을지 짐작이 간다. 신화에서는 그때 둘 다 술을 마신 거로 나온다. 신의 세계도 인간의 세계처럼 늘 술이 말썽인 모양이다. 술에 취한 제우스는 헤라와 말다툼을 벌인 것이다. 사소한 말싸움은 져 줘도 되는데 말이다. 제우스가 헤라의 생각을 포용했다면 시끄럽지 않고 조용히 넘어갈 일이다.

제우스는 바람피우느라 그것도 사방팔방 퍼질러대느라 헤라와 잠자리에서 최선을 다할 수 없었다는 게 필자의 견해다. 그러니까 필자는 여성이 백 중 80~90의 즐거움에 취하는 걸 헤라가 모른다고 추정하는 것이다. 헤라가 자신이 그걸 모른다는 것 때문에 창피했고 테이레시아스에게 분풀이를 했으리라 짐작한다.

이 이미지에서 제우스와 헤라는 누구인가. 그리스 신화에서 그들은 신의 세계와 인간의 세계를 지배하는 지존들인 것이다.

그런데도 제우스는 역설적이게도 아니마의 관점이, 헤라는 아니무스의 관점이 배제된 것으로 묘사된다. 이건 온 세상이 자기 입장에서만 삶을 영위하려는 거로 가득 찼다는 걸 보여주는 시니피앙일 수도 있다.

그런 세상에서 테이레시아스처럼 폭넓은 생각을 하는 누군가는 비참할 수도 있다는 이미지일 것이다. 하지만 고달프더라도 다양한 관점을 가진 자는 현인이고 사후에도 그 현명함은 길이길이 살아남는다는 스토리텔링으로 봐야 한다.

현명하려면 편향된 의식을 갖기보다는 다양하고 합리적인 입체적 사고를 가져야 한다는 신화인 것이다. 그런 인물이 테이레시아스이다. 제우스와 헤라는 지존임에도 불구하고 편협한 대상으로 묘사된 것이다. 지도자라고 해서 반드시 현명한 게 아니라는 걸 보여주는 모티프다.

여기에서 신화가 먼저인가 정신분석학이 나중인가는 중요하지 않다. 다만 핵심어가 칼 구스타프 융이 주창하고 버지니아 울프가 확장한 아니마와 아니무스라는 것이다. 이를 채식주의자와 연결하기로 한다.

4) 채식주의자

그렇다면 먼저 테이레시아스의 남녀의식 신화와 버지니아 울프의 남녀의식 공존 이미지가 채식주의자와 어떤 상관이 있는지 살펴봐야 한다.

채식주의자에도 아니마가 배제된 순전한 남성적 인물이 있다. 순전한 여성적 인물도 있으며 여성성과 남성성이 협력하는 인물도 있다. 한강 소설가는 이처럼 다양한 인물들을 채식주의자에서 그려냈다. 이는 버지니아 울프의 말처럼 특정한 성에 편향하지 않는 작가적 덕목이라 하겠다.

순전한 남성성을 보인 인물로는 「채식주의자」 편 영혜의 아버지와 남편을 들 수 있다. 그들은 영혜의 육식 거부를 이해하지 못한다. 육식이 가부장제도를 존재케 하는 폭력성이라는 걸 모르는 것이다. 아버지가 개를 잡는 방식이나 영혜에 대한 폭력이 그것을 상징한다.

남편은 영혜를 이해하려거나 끌어안으려는 태도가 전혀 보이지 않는다. 회사에서의 성취와 출세에 삶의 의미를 두었다. 그것이 나쁘다는 게 아니다. 아니마가 배제된 남성의 편향성이라는 것이다. 그는 남편이면서 아내 영혜를 한 번도 포옹하지 않는다. 성욕을 해결할 때만 덤벼들었다. 그건 안아주는 게 아니라 폭력이다.

순전한 여성성을 보인 인물로는 채식주의자 전반에 걸쳐 등장하는 영혜의 언니 인혜를 참고해야 한다. 언니는 가정을 일으키고 홀로 아이를 키우다시피 하며 요리도 맛있게 잘한다. 요즘으로 말하자면 슈퍼우먼이다. 그녀는 남편과 동생이 사고를 쳤을 때도 이해하지 못한다. 그건 당연한 것이다. 그걸 이해하고 옹호할 여자가 어디에 있겠는가. 바로 그런 모습이 순전한 여성성만을 드러낸 캐릭터라는 것이다.

여성성과 남성성이 협력하는 캐릭터는 영혜와 형부다. 형부가 추구하는 예술작업의 결여를 영혜를 통해 보완하고자 한다. 이때 몽고반점은 상징적 핫 아이콘이다. 몽고반점을 근거로 삼아 몸에 그리는 꽃과 풀도 다르지 않다.

영혜가 왜 육식을 거부하는지 나중에는 나무가 되고자 하는지를 형부와 이루어지는 관계를 통해 몸소 보여주었다. 앞서 본 고에 잠깐 소개한 대로 몸에 그린 나뭇가지, 이파리, 꽃은 나중에 영혜가 나무로 변신하려는 복선인 것이다. 소설 속 영혜는 혼자서 해결할 수 없는 현실의 벽들을 이성인 형부의 손끝으로 허물어 버린 것이다.

형부의 의식 속에 잠재된 아니마가 영혜를 지향했고 영혜의 의식 속에 잠재된 아니무스가 형부를 지향한 것이다. 영혜의 언니도 나중에는 달라진다. 본고 중 앞에 2. 몽고반점 5)외설과 예술의 차이에 소개된 (218)예문은 언니가 변하는 것을 상징한다. 아니무스가 배제된 여성성에서 아니무스와 협력하는 여성성으로 달라지는 것이다.

그리스 신화에서 테이레시아스는 장님이 된다. 더불어 현인이 되기는 하지만 장님은 현실에서 소외받는 계층인 것이다. 그는 아니마와 아니무스가 혼재된 인물이다. 채식주의자에서 형부도 무의식은 물론 의식에서도 아니마와 아니무스가 공존하는 인물이다. 그도 현실에서 정신병자 취급을 받는다. 결국에는 가정에서 소외당한다. 테이레시아스와 비슷한 처지에 놓이는 것이다.

영혜도 가부장적 남성에게 굴종하는 순전한 여성이 아니다. 강압적인 육식으로부터 영혜 내면의 아니무스가 저항하는 것이다. 영혜의 외면적 여성성과 내면적 남성성이 협력하는 캐릭터인 것이다. 그렇다 보니 집이나 친정에서 따돌림받는 것이다. 테이레시아스가 헤라로부터 저주받는 것과 이미지가 같다.

나중에는 언니 인혜가 동생이랑 일을 저지른 남편을 이해하고 동생 영혜에게 동조하면서 괴로워한다. 비로소 언니도 현실로부터 소외가 시작되는 상징인 것이다. 영혜의 아버지나 남편은 그리스 신화의 제우스와 다르지 않은 캐릭터로 볼 수 있다. 언니 인혜는 꽉 막힌 헤라였다가 나중에 열리는 캐릭터인 것이다.

5) 갈등

「채식주의자」에서 남편인 화자와 아내인 영혜는 육식과 채식을 두고 실랑이를 벌인다. 둘은 갈등하게 되는 것이다. 화자의 장인도 고기 앞에서 딸 영혜와 우격다짐을 주고받더니 영혜의 피까지 보게 된다. 등장인물들 사이에서 갈등이 심화되는 것이다.

화자가 다니는 회사 간부 부인들과 영혜의 갈등도 있다. 언니와 형부의 갈등도 전개되었다. 나중에는 나무가 되고픈 영혜가 보호자 언니 인혜와 갈등을 빚으며 소설은 갈무리 된다.

이러한 인간적 갈등은 채식주의자 말고도 대부분의 문학 작품에서 곶감을 꿰는 꼬챙이처럼 스토리를 관통한다. 소설을 비롯한 절대다수의 문학작품에서는 갈등이 깊어지고 이완되는 과정에서 긴장이 고조되고 풀어지는 드라마틱을 연출하는 것이다.

그렇기에 갈등이 없는 문학은 작품으로써 생명력을 지니지 않은 졸작으로 전락하기 쉬운 것이다. 그것은 문학 작품이 인간 삶을 반영하기 때문이다. 인간 삶이라는 게 갈등과 갈등이 쇠사슬처럼 이어져 가는 것인데 그걸 반영하지 못한 문학은 인간적인 이야기에 못 미친 거라 하겠다.

그러한 갈등은 누군가의 바라보기에서 시작된다. 시선이 갈등을 유발하는 것이다. 주체가 타자를 어떠한 시선으로 보느냐에 따라 갈등의 폭과 깊이가 달라진다. 인간은 갈등을 유발하는 시선을 가진 주체이면서 동시에 타자인 것이다.

> 사르트르에 의하면 ~ 나와 타자는 서로에게 '협력하기'를 거절하는 관계에 있다. 나와 마찬가지로 이 세계에 우연히 출연한 타자는 나와는 근본적으로 분리된 자라는 것이다. ~ 나와 타자의 근본적 관계는 '갈등(conflict)'로 귀착된다고 보고 있다. 그러니까 나와 타자는 서로 만나자마자 각자의 시선을 통해 자신의 힘을 과시하고 계량하면서 서로가 서로를 객체로 사로잡고 주체의 위치를 차지하기 위해 무한 투쟁을 펼쳐나간다는 것이다.[140]

위 사르트르 주장처럼 인간 사회는 인간들이 벌이는 무한 갈등 구조로 엮이는 것이다. 한 주체가 타자를 자기화하려는 의도를 드러내는 것이다. 그 시작은 타자를 주체화하려는 시선이라고 사르트르가 말했다. 그런데 타자도 자신의 입장에서는 주체인 것이다. 결국에는 주체와 주체가 시선을 통해 서로에게 협력하기를 거부하는 관계가 되는 것이다. 그 과정이 갈등이고 '타자화'라 하겠다.

채식주의자에서 영혜를 중심으로 한 등장인물들 간 갈등 구

---

140) 변광배 저, 『장폴 사르트르 시선과 타자』, 살림출판사, 2004, 36쪽.

조는 주체(나)들이 타자들을 서로 객체화하려 대립하는 것이다. 소설 밖 인간 사회의 갈등 구조도 바로 그런 것이다. 다른 것이 있다면 인간적인 갈등 구조는 뻔한 스토리인데 소설적인 갈등 구조는 상징화된 이미지라는 것이다. 이 또한 낯익은 것과 낯선 것의 대립이라 하겠다.

여기에서 잠깐 타자에 대해 언급하겠다. 실존론이나 정신분석학에서 '나'를 '주체'라 한다. 그가 상대하는 대상을 '타자'라 한다. 이때 주체와 타자의 관계는 시선으로 성립된다고 사르트르가 말했다. 그는 시선의 개념을 도입하는데 '타자'는 '나를 바라보는 자'라는 정의를 내렸다.[141]

주체가 누군가를 바라보지 않으면 또 누군가가 주체를 바라보지 않으면 타자화가 성립되지 않는다. 이처럼 시선을 주고받다 보면 타자화가 시도되고 갈등이 깊어지는 것이다. 이러한 갈등 구조는 시선에 이어 말로 전개된다.

어떤 주체의 존재성은 시선으로 결정되고 언어로 완성된다고 하겠다. 사르트르가 시선으로 실존적 체계를 수립했다면 언어적 체계로 실존을 정립한 철학자가 있다. 소쉬르와 라캉인 것이다. 비트겐슈타인도 빼놓을 수 없는 인물이다.

---

141) 위의 책, 21쪽, 재인용.

5. 독자와 사회 그리고 작가

1)소쉬르와 시니피앙

페르디낭 드 소쉬르[142]는 말하기와 듣기를 랑가주라 했다. 인간들의 언어적 활동을 나름대로 규정한 것이다. 그는 랑가주를 시니피앙(기표·문자)과 시니피에(기의·의미)로 분리했다.

또 언어를 랑그와 빠롤로 나누어 체계화했다. 랑그는 일반화된 사회적 언어이며 빠롤은 랑그에 개인의 의지나 감정을 더해 발화한 언어라 했다. 빠롤을 사회적 질서보다는 개인적 발현으로 본 것이다.

더 나아가 그는 언어체계를 통시성과 공시성으로 나누었다. 통시성은 시간의 흐름에 짜 맞춘 개연성이다. 공시성은 시간의 흐름을 해체한 개연성이라 하겠다. 나중에 이 두 개념적 언어를 통시태와 공시태로 이어갔다.

우리는 공시언어학과 통시언어학이라는 용어를 쓰기로 한다. 우리 과학의 정태적 국면에 관련되는 모든 것은 공시적인 것이고,

---

142) 1857년 스위스 제네바 태생, 근대 구조주의 언어학자의 시조.

진화에 관련된 모든 것은 통시적인 것이다. 마찬가지로 공시태와 통시태는 각각 <u>언어상태</u>와 진화단계를 가리키게 될 것이다.[143]

윗글에서 '정태적 국면'이란 움직이지 않거나 시공간의 지배를 받지 않는 경우를 말한다. 공시태가 여기에 해당된다. 반대로 진화란 시공간의 지배를 받아 달라지는 상태인 것이다. 통시태를 두고 한 말이다.

또 윗글에서 두 번째 밑줄 그은 '언어상태'란 현실적인 감각을 지목하는 것이다. 언어란 현실에서 탄생하고 소멸하기에 과거나 미래의 언어는 존재하지 않는다. 미래의 언어는 아직 성립되지 않고 과거의 언어는 늘 현재를 소환하기 때문이다. 그래서 언어는 늘 현실적일 수밖에 없다. 그에 관한 소쉬르의 개념을 살펴본다.

> 통시적 차원과 공시적 차원의 대립은 모든 점에서 현저히 드러난다. 가령 일목요연한 것부터 시작하자면, 이들은 그 중요성이 같지 않다. 이 점에서 확실한 것은 공시적 면이 통시적 면보다 우월하다는 점인데, 그 까닭은 말하는 대중에게는 공시적

---

143) 소쉬르 저, 최승언 역, 『일반언어학 강의』, 민음사, 2021, 113쪽.

면이야말로 진정하고도 유일한 현실이기 때문이다. 언어학자에게도 마찬가지이다. 만약 언어학자가 통시적인 관점에 서게 되면, 그가 보는 것은 이미 언어가 아니라 언어를 변경시키는 일련의 사건이다.[144]

이처럼 소쉬르가 대중적으로는 공시태를 통시태보다 우월하게 다루면서 언어의 현실적 감각을 강조한 것으로 보아야 한다. 언어의 현실성은 카를 구스타프 융이 언급한 '의미가 있는 우연의 일치'로써 공시성과 공통점을 내포하긴 하나 큰 틀에서는 다르다. 이와 비슷한 언어체계로써 그림은 형식적이기에 통시적 예술, 음악은 무형적이기에 공시적 예술이라고도 한다. 더 나아가 소쉬르는 언어 요소들의 관계를 정립하는 개념을 발표했다.

　　소쉬르가 정의한 연사적 요소와 계사적 요소의~[145]

기호 분석가는 언어 요소들끼리 서로 결합하여 더 높은 차원의 단위를 만들어내는 관계(연사관계)와, 언어 요소들끼리 서로 대치하고 그리하여 대조를 이룸으로써 의미를 만들어 내는 관

---

144) 위의 책, 124쪽,
145) 위의 책, 137쪽.

계(계사관계)를 파악한다.[146]

이처럼 소쉬르는 언어의 연사관계와 계사관계라는 개념도 정립하여 인류의 언어학에 크게 이바지했다. 소쉬르는 1857년 스위스에서 태어나 1913년 타계했다. 비트겐슈타인은 1889년 오스트리아에서 태어나 1951년 타계했다. 소쉬르는 56세에 비트겐슈타인은 62세에 운명한 것이다. 소쉬르가 운명한 해에 비트겐슈타인은 24살이었다. 비트겐슈타인의 학문적 업적에 소쉬르가 크게 영향을 끼친 것이다.

이러한 소쉬르의 언어학을 라캉은 정신분석에 활용하여 프로이트를 재해석하는데 기여했다. 정신분석은 무의식의 상흔을 치유하는 심리학인데 이때 상흔과 치유의 핵심이 시니피앙이라고 라캉이 말했다. 심리학과 언어학은 밀접한 관련이 있다는 것이 라캉의 이론이다.

기표는 저 혼자서도 (기의의 도움 없이도) 의미를 약속할 수 있다는 것이다. 라캉은 이것을 가리켜 기표 아래서 기의의 미끄러짐이라고 불렀다.

---

146) 위의 책, 159쪽.

문맥 속의 어떤 기호의 의미를 딱 꼬집어서 그 의미라고 한정하는 것을 라캉은 싫어했다. 라캉은 ~ 기표를 언어의 체계(랑그)에다 기의를 발화(빠롤)에다 연결 시켰다. －중략－ 라캉은 소쉬르를 기표의 이론가로 재해석함으로써 프로이트 저작에서 가장 급진적인 사상을 발견해 냈다. 그리하여 인간의 마음과 텍스트 내에서 움직이는 의미 작용의 힘을 구체화시키는데 성공했다.[147]

윗글에서처럼 라캉은 시니피에(기의)보다 시니피앙(기표)을 랑가주 중심에 두었다. 라캉은 인간의 무의식이나 자아를 자극하는 작용에 시니피앙이 절대적이라고 말했다. 시니피에는 크게 영향을 끼치지 않는다는 것이다. 이와 관련된 구체적인 사례를 하나 더 소개한다.

결론은 말의 내용이 전달하는 메시지는 7%에 불과하지만 목소리나 표정 등 비언어적 요소가 차지하는 비중은 무려 93%에 이른다는 사실입니다. 이렇게 의사소통에서 말의 내용보다 목소리나 표정이 더 중요하다는 이론이 메라이언의 법칙입니다.[148]

---

147) 조너선 컬러 저, 이종인 역, 『소쉬르』, 시공사, 1999, 187~188쪽.
148) 이민규 저, 『표현해야 사랑이다』, 「말의 내용은 생각처럼 중요하지 않다」, 끌리는 책, 2017, 29쪽.

위 메라이언 법칙은 소쉬르나 라캉의 추상적인 이론을 구체적으로 증명한 사례라 하겠다. 언어에서 시니피에(의미)는 중요하지 않다는 것이다. 같은 말이라도 표현하는 방식에 따라 의미가 얼마든지 달라진다는 것이다. 라캉의 이론과 맞아떨어지는 것이라 하겠다.

여기서 중요한 건 시니피앙 즉 표현 방식이다. 문자이며 상징이다. 글도 표현 방식에 해당한다. 작가가 글을 쓸 때 시니피에(의미와 주제)는 중요하지 않다는 뜻으로도 이해할 수 있다. 작가가 창작할 때 수많은 독자들이 이해할 몫까지 생각하거나 그럴 필요도 없는 것이다. 작가는 시니피앙에 충실하면 되는 것이다.

이 때문에 작가는 독자를 무시할 수밖에 없다. 작가가 오만해서 독자를 무시한다고 이해하면 오해다. 작가는 전혀 오만하지 않다. 다만 독자들이 이해할 몫까지 작가가 책임질 필요가 없는 것이다. 오히려 겸손한 것이다. 뒤집어 보면 작가가 독자들 몫인 시니피에(기의)까지 챙긴다면 그건 진짜로 독자를 무시하는 것이 될 것이다. 그뿐만 아니라 바보 같은 작가가 되는 것이다.

여기에서 필자가 한 가지 짚을 사안이 하나 있다. 바로 시니피앙, 시니피에를 말한다. 이를 두고 주로 한국 문단이나 학계에서는 기표, 기의로 표현한다. 하지만 기표, 기의는 일제의 표현 방식이다.

일제 강점기에 우리 반도의 많은 식자들이 일본으로 유학을 다녀왔다. 또 일본 제국주의가 배달의 반도에 자신들의 문화를 도입했다. 그러한 교육적 혜택을 받은 식자들이 해방 이후에 대한민국의 요소요소에 배치되었다. 그로 인해 파급된 기표(시니피앙), 기의(시니피에)인 것이다.

그 단어들을 학계와 문화계에서는 지금도 쓰는 중이다. 그게 반드시 나쁘다는 건 아니다. 가능하면 일제의 잔재를 하나라도 지우자는 것이다. 기표, 기의를 쓰느니 그 원어인 시니피앙, 시니피에를 활용하는 게 더 낫다는 것이다. 그런 까닭으로 본고에서는 기표와 기의를 최대한 배제하고 시니피앙, 시니피에에 치중한 것이다.

이제는 시니피앙을 축으로 한강 소설가의 채식주의자를 살펴보겠다. 소설 채식주의자는 핵심 시니피앙들이 뚜렷하다. 채식주의, 몽고반점, 꽃, 나무, 나뭇가지, 이파리, 옷, 섹스, 죽음, 죽음에 관한 질문 들이다.

이 키워드들은 모두 가부장적 폭력성과 거기에서 벗어나려는 영혜의 욕망을 그려낸다. 더 나아가 무위자연론이나 니힐리즘을 설명이 아닌 묘사로 표현한 것이다. 이는 한강 소설가만의 시니피앙이라 하겠다.

2) 독자의 몫 작가의 몫

소설 채식주의자는 읽은 독자에 따라 다양하게 이해되어야 한다. 도덕적이거나 비도덕적이거나 하는 독자들의 해석을 작가는 염두에 둘 필요가 없는 것이다. 채식주의자를 받아들이는 건 오로지 독자의 몫이기 때문이다. 독자의 관점이 다양할수록 좋은 소설이라 하겠다.

독자가 이해하기 즉 시니피에가 불편하다고 해서 작가를 이렇고 저렇고 말하는 건 독서를 잘하는 자세가 아닌 듯싶다. 왜냐하면 독자 몫은 독자에게서 끝나고 작가 몫은 작가에게서 끝나는 게 창작과 독서의 본질이라 말할 수 있기 때문이다.

문학은 작가가 스토리텔링을 만들어 놓고 독자를 청하는 것이다. 날실과 씨실로 피륙을 짜듯 서사를 엮어 전시하는 것이다. 독자는 그 초대를 즐겨야 한다. 여행하듯 배경과 사건과 인물을 탐색해야 한다. 복선을 느끼고 긴장을 찾아가며 반전과 카타르시스에 흠뻑 젖어야 한다. 그에 관한 맥락이 있어 소개한다.

나는 그녀에게 역사와 위대한 남자들, 러시아, 사랑과 결혼 등에 대한 톨스토이의 모든 상세한 언급들을 곁들여가면서 《전쟁과 평화》를 읽어주었다. 40 내지 50시간은 걸렸던 것 같다.

다시금 한나는 소설이 진행되어가는 과정을 가슴 졸이며 좇았다. 그러나 그녀의 태도는 이번에는 종전과 달랐다. 이번에 그녀는 판단을 자제했다. 전에 루이제와 에밀리아를 상대로 그랬던 것처럼 나타샤와 안드레이와 피에르를 그녀의 세계의 일부로 만들지 않고, 우리가 놀라운 먼 여행길에 오르거나 입장을 허락받아 그곳에 머물면서 친숙해질 수 있는 ~ 성 안으로 들어가듯이 그들의 세계 안에 발을 들여놓았다.[149]

윗글은 『책 읽어주는 남자』에서 발췌했다. 화자 마이클이 한나에게 책을 읽어주는 모티프다. 처음에 마이클이 책을 읽어줄 땐 한나가 자신의 관점에서 시니피앙에 접근했다. 나중에 한나는 자신의 관점을 배제하고 소설 그 자체를 여행하듯 시니피앙을 관조하는 것이다. 밑줄 그은 문장들처럼 소설을 쓴 작가의 언어를 여행하듯 음미하는 것이리라.
　다만 작가의 언어적 예술성은 다시 말해 시니피앙은 독자들로부터 평가받을 필요가 있다. 독자는 작가의 시니피앙에 대해 그만의 언어인지 아닌지를 담론화할 수 있다. 작가는 독자로부터 Aura를 평가받아야 하는 것이다. 그리고 거듭 강조하지만 독자

---

149) 슐링크 저, 김재혁 역, 『책 읽어주는 남자』, 시공사, 2019, 93쪽.

는 자신의 그릇만큼 시니피에를 얻어가는 것이다.

　고대 그리스 이후 지금껏 인간 사회에는 셀 수 없을 만큼의 시니피에가 존재해 왔다. 시니피앙도 다르지 않다. 여기에서 중요한 점을 짚어봐야 한다. 시니피에는 유한하다는 것이다. 시니피앙도 유한한 것 같지만 시니피에와는 다르다. 시니피에의 유한함을 초월할 수 있는 것이 시니피앙이다. 시니피에는 스스로 유한한 한계를 극복하지 못한다. 시니피앙화 되어야 하는 것이 본질이라 하겠다.

　그에 관하여 앞에서 소쉬르가 주창하고 뒤이어 라캉이 확인한 바를 언급했다. 이처럼 시니피앙에서 시니피에의 유한성을 초월하는 역할이 바로 글쓰기이며 창작인 것이다. 작가의 몫이라 하겠다. 독자는 이걸 즐겨야 한다. 권선징악을 심사하는 게 아닌 것이다.

　시니피에는 무엇을 쓰느냐, 이고 시니피앙은 어떻게 쓰느냐, 이다. 문학에서 무엇을 쓰냐는 중요하지 않다. 좋은 스토리텔링, 시니피앙에는 좋은 주제 의식이 담기기 마련이다. 문학에서 어떻게 썼느냐가 핵심인 까닭이 여기에 있다.

　더 나아가 작가만의 시니피앙-언어가 바로 창작인 것이다. 이때 낯설게하기가 동반되어야 한다. 여기에 Aura가 따라붙는 것이다. 참을수없는에는 밀란 쿤데라의 아우라가, 채식주의자에는 한강 소설가의 아우라가 내포된 것이다. 이를 두고 도덕적이니 비도덕적이니 하는 것은 창작 본질을 좀 더 바로 보아야 할 사안이리라.

거기에 더하여 참을수없는에는 그 작품만의 Aura가 있어야 한다. 동일한 작가일지라도 그 작가의 다른 작품들과 유사한 시니피앙들이 새 작품에 반영된다면 창작적 열정이 떨어진 거로 보아야 하는 것이다. Aura가 흔들리는 것이다. 이른바 '작가의 동어반복'이라는 굴레에 갇히는 게 된다.

더불어 한강 소설가의 작품들 중 채식주의자만의 Aura가 절대적이어야 하는 것도 다르지 않다. 몽고반점과 어우러지는 소설 속 시니피앙들은 특별하다고 해야 할 것이다. 주요 등장인물들이 보여주는 다양한 시니피앙들은 채식주의자만이 간직한 절대적 가치를 지닌 거로 보는 것이 타당할 것이다.

이걸 작가만의 언어라 해도 될 것이다. 작가만의 고유한 시니피앙인 것이다. 시니피에는 1회성일 수 없다. 여기저기 널렸기 때문이다. 오직 시니피앙만이 절대적인 Aura를 내포하는 것이리라. 사방팔방에 널리지 않은 까닭이다. 진정한 1회성이라 하겠다.

3) 비트겐슈타인[150] – 언어는 체스판의 말이다

이제 시니피앙-언어의 속성을 살펴보기로 한다. 그것에 관한 탐색은 소쉬르와 비트겐슈타인을 빼놓을 수 없다. 이 장에서는 비트겐슈타인을 중심으로 소개하고자 한다. 그는 철학가인데 철학의 진정한 핵심은 언어적 탐색이어야 한다고 말했다. 그는 언어가 인간의 삶에서 어떠한 작용을 하는지 한평생 연구한 철학가다.

그의 언어에 관한 철학적 연구는 크게 둘로 나뉜다. 전기와 후기인 것이다. 전기 연구 업적 저서로는 『논리철학논고』가 있다. 그는 이 저서에서 '언어는 그림이다'라고 진술했다. 그러나 그의 이 논리는 학자들로부터 반론이 있었다. 다시 그는 긴 세월을 언어 연구에 투자했다.

오랜 시간이 지난 후 그의 후기 연구 업적이라 할 저서 『철학적 탐구』를 발표했다. 이 책에서 그는 언어를 새롭게 정의했다. 언어는 참이나 거짓을 논하는 데 그 목적이 있지 않으며 '게임판의 말(馬)'과 같다는 것이다.

그는 체스판과 말들을 예로 들었다. 어떤 언어를 구사해야 하

---

[150] 루드비히 비트겐슈타인, 1889 오스트리아 태생, 철학자.

는 상황이 '체스판'이라면 언어는 그 상황에 필연적으로 들어맞는 '게임 도구'라는 것이다. 이런 놀이에 참이나 거짓은 무의미한 가치라고까지 말했다. 이에 그는 학자들로부터 지지를 받았다.

여기서 한 가지 짚고 갈 게 있다. 언어가 '체스판의 말(馬)'과 같다고 피력한 이는 비트겐슈타인이 처음이 아니라는 것이다. 앞서 소개한 소쉬르가 『일반언어학 강의』에서 먼저 언급했다.

> 그러나 상상할 수 있는 모든 비교 중에서 가장 명시적인 것은 언어 작용과 체스 놀이 간에 설정할 수 있는 비교이다. ~ 체스 놀이는 언어가 우리에게 자연 형태로 보여주는 것을 인위적으로 실현하는 것과 마찬가지이다. ~ 우선 놀이의 어떤 상태는 언어의 어떤 상태에 잘 부합된다. 말(馬)들이 지니는 각각의 가치는 체스판 위에서 이들이 갖는 위치에 의존하며, 마찬가지로 언어에 있어서 각 사항은 다른 모든 사항들과의 대립에 의해 그 가치를 지니게 된다.[151]

이처럼 소쉬르가 언어를 체스판의 말(馬)이라 했는데 비트겐슈타인도 비슷하게 말(言)한 것이다. 소쉬르의 『일반언어학 강의』는

---

151) 소쉬르 저, 앞의 책, 122쪽.

1916년 제네바대학교 제자들에 의해 발간됐다. 그때는 소쉬르가 운명한 지 3년 뒤고 비트겐슈타인은 27살이었다. 그즈음 비트겐슈타인은 영국 캠브리지 공대에서 공부와 연구를 하거나 제1차 세계대전에 참전했다. 그의 일대기를 살펴보아도 소쉬르와 만난 적은 없다.

나중에 비트겐슈타인이 『철학적탐구』 집필을 위해 연구할 때 소쉬르의 『일반언어학 강의』를 탐독했으리라. 그렇지 않고 우연히 '언어는 체스판의 말(馬)'이라는 소쉬르의 명제와 동의어를 만들어 내진 않았으리라.

그는 여기에 머물지 않았다. 체스판의 말을 확장해 자신의 후기 철학 명제를 '언어는 주체와 세상을 이어주는 도구다'라고 정립했다. '체스판의 말'을 두고 한 말이다. 소쉬르의 업적을 보다 체계화한 것으로 이해가 된다. 비트겐슈타인이 언급한 언어 놀이에 관한 명제를 하나 더 소개한다.

> 사람들은 무엇을 보거나 생각할 때 자신들이 이미 경험한 것을 바탕으로 한 어떤 성향에 따라서 생각하게 된다는 거예요. 어떤 대상에 대해 우리가 보고 싶은 대로 보려는 유혹을 받는다는 거지요.
>
> 그래서 자신들이 아는 언어만을 계속 사용하게 되는 것이지

요, ~ 이것은 사물이나 생각을 자신의 특정한 모습으로만 보려는 '한정되고 닫힌 언어 게임'인 셈이지요. 이렇게 닫힌 태도로 언어 게임을 하게 되면 언어가 가진 무수히 많은 면을 보지 못할 뿐만 아니라 잘못된 혼란 속으로 빠지게 되는 것이지요.
즉 '참된 언어 게임'은 어느 특정한 것들이 일방적으로 보여지는 모습을 바꾸어 보도록 하는 거랍니다(관점의 변화).[152]

윗글에서 '참된 언어 게임'이란 사물을 새롭게 바라보는 자의 시니피앙을 언급한 것이다. 낯설게하기이며 Aura인 것이다. 더 나아가 독자가 바라보는 시니피앙에 대한 관점이 어떠해야 한다는 것을 서술하기도 했다. 작가 중에는 모방에 능숙하고 Aura의 부재를 부끄러워할 줄 모르는 이들도 있다. 자기만의 글-시니피앙을 쓰기 위해 평생을 바치는 작가들이 있는데 말이다.

이쯤에서 위 비트겐슈타인의 '철학의 진정한 핵심은 언어적 탐색이어야 한다'는 말이 문학에서도 적용된다는 걸 강조하고자 한다. 이미 아방가르드 문학에서 의미-시니피에는 많이 퇴색되고 있다. 언어-시니피앙만으로 한 편의 문학작품을 이끌어 간다는

---

152) 박해용 저, 『비트겐슈타인이 들려주는 언어 이야기』, 자음과모음, 2017, 128쪽.

말이 된다. 이미 전위적 관점에서는 무의미 시, 소설들이 세계적인 명작으로 이름을 떨치기도 한다.

제임스 조이스의 『더블린 사람들』, 버지니아 울프의 『댈레웨이 부인』, 사뮈엘 베케트의 『고도를 기다리며』, 마르그리트 뒤라스의 『히로시마 내 사랑』 등을 예로 들겠다. 이러한 관점은 평론가에 따라 독자에 따라 다르기도 하다.

①전성태 저, 「소풍」

이에 전성태 소설가의 단편소설 「소풍」을 소개한다. 이 소설은 한 가족 3대가 어버이날에 나들이 나간 이야기다. 뭔가 사소한 물건을 찾는데 손자, 엄마, 아빠, 장모의 기억을 다루었다. 그 이미지들이 주차권, 네잎 클로버, 만 원짜리 지폐, 백 달러 지폐로 이어진다.

주차요금 정산소를 앞두고 지현이 주차권을 찾았다. 내비게이션 옆에 당연히 있어야 할 주차권이 보이지 않았다. ~ "네잎 클로버 찾으러 가, 아빠!" ~ "아무리 찾아봐도 이파리 넉장 달린 게 없어야." ~ 세호는 지갑에서 만원권 지폐를 꺼냈다. "자, 이걸 숨길 테니 찾는 사람이 갖는 거야, 어때?" ~ 아들 녀석이 지폐를 손에 치켜들고 찾았다고 소리쳤다. ~ 딸아이가 뒤따라와 상심한 목소리로 말했다. "또 해." ~ "그럼 이번에는 할머니한테 숨기라고 할까?" ~ 세호는 얼른 지갑을 꺼냈다. ~ 백달러짜리 지폐가 한 장 나왔다. 그는 점퍼 주머니를 뒤졌다. 무슨 빳빳한 영수증이 나왔는데 공원 마크가 찍힌 주차권이었다. ~ 세호는 얼른 백달러 지폐를 뽑아서 장모에게 건넸다. ~ 노인은 마지못해 받아들고는 발코니를 내려가서 숲으로 힘겹게 걸어갔다. ~ 숲에서 아이들이 소리쳤다. "못 찾겠어요!" ~ 노인은 천천히 고개를 돌려 숲을 둘러보았다. 얼굴이 점점 사색이 되었다. ~ "장모님, 괜찮아요. 이제 가야겠는걸." ~ 그러자 지현이 신경질적으로 소리쳤다. "어디를 가? 찾고 가. 엄마, 꼭 찾아. 잘 기억해 봐." ~ 노인이 울상이 되어 자꾸 뒤를 돌아보았다.[153]

윗글에서는 문학의 생명이라 할 이질적인 Objet들을 동원해 동일시하는 발화의 꽃을 피워냈다. 또 사위의 주차권 망각, 손자들의 보물찾기 실패, 할머니의 지폐 감춘 곳 기억 상실 등을 동일시 하는 빠롤(Parole)의 미학을 창조했다.

소설에 노인들의 치매를 다룰 때 약방의 감초처럼 넣는 요양원, 길 헤매는, 가족 촌수 헷갈림, 핸드폰을 냉장고에 넣는, 대

---

153) 전성태 저, 『두 번의 자화상』, 「소풍」, 창비, 2021, 8~36쪽.

소변 옷에 지리기 등의 낯익은 시니피앙을 쓰지 않았다.

이는 전성태 소설가 나름의 시니피앙 창조를 진행한 것이리라. 이를 두고 사물을 새롭게 관조하는 '참된 언어 게임'이라 해도 무방할 것이다.

②양관수 저, 「갈목이네 집」과 「포스트게놈 시리즈 2050」

이에 하나 덧붙이자면 필자의 저서에 관한 내용이다. 필자가 「갈목이네 집」을 발표한 뒤였다. 한 지인(어떤 소설가)에게서 전화가 왔다. 이 소설을 무엇 때문에 썼는지 이해가 안 간다며 설명을 요청했다.

필자는 전화를 건 지인에게 순천만 갈대밭을 어떤 '필자의 시니피앙'으로 묘사하는지가 창작 동기라고 했다. '나만의 언어'를 강조한 것이다. 거기에서 주제는 중요하지 않다고 말했다. 시니피에는 독자의 몫이라는 말도 덧붙였다.

갈목이가 없다면 그에게 덤벼들어 하자 했을 것이다. 하늘에 걸린 달이 바다에 풍당 떨어지도록 교성을 지르고 싶었다. 이 바다에서 달빛을 맞으며 말이다. 발등이 발바닥이 물결로 인해 그걸 느꼈다. 내친김에 술병을 다 비운 그녀가 더 참지 못했다. 그와 갈목이에게 등을 돌리고 허리춤을 풀었다. 청바지를 무릎 아래에 걸치고 팬티를 내리고 엉거주춤 쭈그려 앉았다. 물에 뜬 달이 그녀 사타구니에 걸려들었다. 그녀가 오줌을 쌌다. 물줄기 하나가 달을 온통 흔들었다.

"엄마가 달을 낳네."

한마디 한 갈목이도 교복 치마를 걷어 올리며 그녀 옆에 쭈그려 앉았다. 그도 허리춤을 까발리고 그녀 옆에 섰다. 개어귀 한가운데 갈대밭에서 연주회가 열렸다. 트리오가 하는 삼중주인 줄 알았는데 다른 악기들 소리도 함께 났다. 섹소폰 피아노 바이올린 첼로 기타 오카리나 선율들이 더불어 울렸다. 통나무에서 울리는 난타 리듬도 담겼다. 갯벌이 만들어낸 앙상블이고 탈춤이었다. 갈목이 목에 걸린 황금 목걸이가 오줌에 절은 달빛 바다에 닿았다.[154]

윗글은 필자가 순천만 달밤을 그려 넣은 중편소설의 끝부분이다. 랑그적인 단어와 문장으로 쓰진 않았다. 낯설게하기에 실패할 가능성이 많은 탓이다. 어차피 순천만 갈대밭은 아름답다. 그걸 낯설게하기 방식으로 묘사하고 싶었다. 그래서 달빛 젖은 바닷물에서 오줌 싸는 한 가족을 끌어다 썼다. 달빛에 절은 짭짤

---

154) 양관수 저, 『사랑은 나노입자』, 「갈목이네 집」, bookin, 2020, 170~171쪽.

한 바닷물과 짭잘한 오줌을 동일시한 것이다.

누군가는 어떤 바다이길래 쪼그려 앉아 오줌을 누지? 라는 의문을 가질 수 있다. 그렇다, 순천만은 쪼그린 채 오줌을 누도록 바닷물이 찰랑거릴 때가 있다. 늘 그런 건 아니다. 매년 음력 6월 15일 사리의 밤바다다. 그 찬물(만조) 때 순천만 갈대밭에 가보시라. 자세한 줄거리는 필자의 졸작을 참고하시기 바란다.

내친김에 필자의 저서 한 권을 더 소개하고자 한다. 지금껏 이 세상에는 보험이라는 가치가 존재한다. 또 유전자공학이니 생명공학이니 하는 학문이 일반화 된 건 근래의 일이다. 필자는 그 둘을 합친 언어를 생각했다. 이른바 유전자공학 보험이다. 모든 보험이 건강을 기준으로 삼는다. 필자가 생각하는 유전자공학 보험은 건강을 뛰어넘어 생명을 천 살까지 연장하는 것이다.

필자 생각에 어디에도 아직 이런 언어는 없었다. 그 생각을 하고 창작을 시작한 때가 2004년이었다. 벌써 20여 년 전이다. 중편소설을 썼고 2005년 진주신문 가을문예에 당선이 되었다. 그때 제목은 「간이정류장」이었다. 하지만 제목이 낯익어 맘에 거슬렸다.

뒷날 책으로 묶어 낼 때 낯선 시니피앙 「포스트게놈 시리즈 2050」으로 바꿨다. 그리고 표제작을 삼았다. 필자는 아직까지도 이 소설의 핵심 언어가 유일하다는 자부심을 버리지 않는다.

Aura에 자긍심을 갖는 것이다.

2. 모든 부분 성형 가능

- 수술 없이 뼈조직, 피부조직 성형 가능
- 피부, 홍채, 머리카락 색상 쉽게 바꾸기
- 얼굴 부위별 화장, 눈 화장, 네일 아트
  (미용을 나노 연고로 가꾸는 시대)
- 부작용 0%를 보장

  수술 없이 귀하의 염기서열에 맞춘 알약으로

  모든 것 해결

  각 부위별 200살까지 무제한 제공

  ps1, ps2 가입 고객님들께

  ps3 보험료 20% 할인

postgenome series는

고객님께서 1,000살까지 사실 것을 약속드립니다.

새로운 버전

postgenome series 2050을

기대하세요.[155)]

위 시니피앙을 두고 필자만의 언어라는 자부심이 무리일지 가끔 자문한다. 그러면서 필자는 스스로 무리가 아니라고 자답한다. 생명공학(유전자공학) 보험 상품은 지금껏 존재하지 않기 때문이다.

언젠가 이 소설을 S생명 관계자에게 보여주었다. 그가 '시기적으로 너무 빠른 소설'이라 답했다. 그 말을 들은 나는 즐거웠다. 아직은 어디에도 존재하지 않은 시니피앙 창작에 성공했다는 자신감이었다. 그게 너무 빠른지 아니면 이미 늦었는지는 독자의 몫이니 어쩔 수 없다.

이제는 독자들의 몫을 언급하겠다. 독자들도 비트겐슈타인의 명제를 참고로 하여 '일방적으로 보여지는 모습을 바꾸어 보도록 하는' 관점의 변화를 추구해야 할 필요가 있다. 이건 열정적인 창작과 Aura에 대한 독자들의 애정이다. 자기만의 시니피앙을 추구하는 작가에게 가지는 독자로서 파트너십일 것이다.

그래야 한국 문학의 앞날이 밝을 것이다. 우리 문학의 미래는

---

155) 양관수 저, 『포스트게놈 시리즈 2050』, 「포스트게놈 시리즈 2050」, bookin, 2016, 169~170쪽.

작가보다 독자의 관점에 달렸다 해도 과언은 아니리라. 독자들이 어떤 작가의 '자기만의 시니피앙'을 색다른 관점으로 보아주어야 한다. 선과 악을 음미하는 게 아니라 Aura를 즐기는 독자가 되는 것이다. Aura와 사유에 관한 명제를 소개한다.

> 비트겐슈타인은 《논리철학 논고》에서 "언어의 한계는 사유의 한계다"라는 말을 남겼다.[156]

윗글에서 언급한 독자의 언어와 사유의 한계는 여러 Aura를 음미하는 만큼 돈독해진다는 걸 잘 이해하기 바란다. 그만큼 좋은 소설을 많이 읽어야 하는 것이다. 소설 채식주의자도 여기에 해당하는 시니피앙인지 독자 스스로 자문자답이 필요하리라.

4) 외설인가 예술인가

이제는 독자의 관점에서 문학 작품을 바라보아야 한다. 먼저 외설에 대해 생각해 보기로 한다. 외설인가 아닌가 하는 단편적 잣대는 에로틱한 이미지이다. 선정적 이미지가 얼마나 자세히 드

---

156) 오윤호 저, 『소쉬르의 일반언어학 강의』, 씽크하우스, 2012, 85쪽.

러나느냐로 기준을 삼는 것이다. 하지만 이러한 시각도 일방적일 수 있는 것이다. 한쪽 기준으로만 사물을 바라보는 것이다.

그 야한 이미지들이 아무런 상징성을 띄지 않았다면 외설적인 것으로 보아도 무방할 것이다. 하지만 그 이미지들이 어떤 상징성을 내포하고 있다면 그 상징성에 초점을 두어야 할 것이다. 여기에서 상징성은 시니피에가 아니다. 작가의 새로운 관점 다시 말해 작가만의 시니피앙을 말하는 것이다.

선정적 이미지들이 독자들에게 선정적인 자극만을 주었다면 외설이라 할 수 있다. 선정적 이미지들이 독자들에게 어떤 상징성을 보여준다면 외설이 아닐 가능성이 높은 것이다. 여기에서 상징성은 무의식 전의식 자아 초자아로 이어지는 관점이랄 수도 있다. 더 나아가 정신분석학적 관점을 바탕으로 인과관계의 전개를 보여주기도 한다. 그러한 이미지들은 시니피앙이며 독자의 몫인 시니피에를 내포하고 있다.

밀란 쿤데라의 장편소설 참을수없는도 에로틱한 장면들이 매우 많이 묘사되었다. 어림잡아 소설의 1/10은 야한 이야기들이다. 그런데 그 묘사들이 소설 속 등장인물들의 무의식을 자극하고 정신분석학적 완성도를 지향하여 독자들과 소통하고자 한다. 그로 인해 참을수없는이 불멸의 명작으로 인정받았다. 만약에 참을수없는이 외설적이기만 한 소설이라면 서구 사회에서 그토록 많은 독자들의 사랑을 받지 못할 것이다.

　참을수없는으로 인해 밀란 쿤데라는 노벨문학상 후보에 오르는 등 대문호의 반열에 들어섰다. 노벨문학상이 작가의 문학적 가치를 척도하는 절대적 가치는 아니다. 하지만 객관적 기준은 되는 것이기에 본고에 언급했다.

Ⅲ 결론

1. 채식주의자 다시 읽기

이제 거듭 한강 소설가의 채식주의자를 살펴본다. 영혜의 탈코르셋 이미지와 탈육식 이미지를 탐색했다. 문명으로부터 벗어나 자연으로 회귀하고픈 상징이 담겼다는 것이다. 옷들은 그중에서도 브래지어는 불편한 문화인 것이다. 인류가 육식하기 전 채식만으로 살아갈 때는 남성들이 폭력적이지 않았다는 것이다. 옷이 없고 폭력이 없는 사회가 인류의 시원인 것이다. 영혜는 그 시절로 돌아가려는 것이다.

이러한 모티프는 무의식적이라 할 수 있다. 영혜가 나무가 되고 싶다거나 형부가 지향하는 예술적 감각은 무의식을 보여준 것이다. 채식주의자나 참을수없는에서 나오는 꿈에 관한 묘사도 마찬가지다. 이 무의식은 모든 사물들의 DNA에 새겨진 집단무의식이다. 구태여 프로이트나 융의 이론에 의지하지 않더라도 이해할 수 있는 원형인 것이다.

채식주의자를 읽으면서 참을수없는을 건너뛸 순 없다. 참을수없는의 주인공 토마스는 남자다. 그 때문인지 소설에서 그의 언행과 대상의 움직임은 대부분 남성적 기준으로 묘사되었다. 채식주의자는 그와 다르다. 영혜는 여성이다. 소설에서 그녀의 언행은 여성적 기준으로 묘사되었다. 두 소설은 관점의 대척점에선 것이다.

하지만 그게 전부가 아니다. 채식주의자는 등장인물들에 따라 여성적이거나 남성적인 시각들이 다양하게 교차되었다. 테이레시아스의 시각과 닮았다. 버지니아 울프와 심리학자 융이 언급한 아니마와 아니무스들이 잘 조명된 것이다. 참을수없는은 시선들이 테이레시아스를 닮지 않았다.

낯설게하기에 충실하고 그에 따라 창작적 열정을 드높인 채식주의자는 묘사된 오브제가 남다르다. 자연적인 푸른 몽고반점과 물감으로 그린 푸른 이파리와 꽃들이다. 전혀 색다른 몽고반점과 꽃을 나란히 세운 것이다. 이처럼 이질적인 것들을 동일시하는 창작행위가 문학의 필수 요소라 정의하기도 한다. 소설 채식주의자는 한강 소설가의 문학적 성취도를 독자에게 보여주려 한 것이다.

여기에서 발터 벤야민이 말한 Aura를 찾을 수 있다. 벤야민은 Aura가 일회적 현존성이라 말했다. 일회적이란 전무후무해야 한다는 뜻으로 해석해야 한다. 채식주의자에만 존재해야 하는 특별한 것이다. 이것이 작가만의 언어라 할 수 있겠다. 작가만의 시니피앙인 것이다.

시니피에는 일회성일 수 없다. 시니피앙만이 전무후무하기에 Aura가 빛나는 것이다. 이러한 채식주의자 시니피앙들은 서양의 니힐리즘인 영원회귀설이나 동양의 도가인 무위자연론을 지향하였다.

참을수없는 놀이판에선 그 소설만의 언어로 놀이를 하는 것이다. 채식주의자 놀이판에선 그 소설만의 언어로 놀이를 한 것이다. 여기에서 참이나 거짓은 중요하지 않다는 게 소쉬르, 비트겐슈타인 들의 이론이다.

그들은 어떤 주체를 세상과 연결하는 언어적 기능을 말한 것이고 거기에 중점을 두었다. 참을수없는이라는 주체는 자기만의 시니피앙으로 세상과 만났다. 채식주의자라는 주체도 자기만의 언어로 세상과 만나는 것이다.

여기에서 채식주의자는 참을수없는보다 한걸음 더 나아가 남다른 자기만의 색깔을 내보인다. 첫 장 채식주의자, 두 번째 몽고반점, 세 번째 나무 불꽃 들의 시니피앙이 모두 다른 것을 음미할 수 있다. 참을수없는은 그와 다르다. 소설 전체가 한결같은 시니피앙을 가질 뿐이다.

이러한 채식주의자 놀이판에서 독자들이 외설인가 예술인가를 따지는 건 의미가 없을 것이다. 그보다는 어떤 언어 놀이를 했는지에 더 관심을 두어야 한다. 외설인가 예술인가를 논하는 건 무엇을 썼느냐에 치중하는 것이다. 그것은 시니피에를 바라보는 것이다.

그보다 독자는 작가의 언어 놀이에 초점을 두어야 한다. 시니피앙을 즐겨야 하는 것이다. 작가가 어떻게 썼는가를 바라보자는 것이다. 작가는 무엇을 쓰지 않는다. 어떻게 쓰는 쪽에 창작의 절대적 가치를 두는 것이 작가의 올곧은 입장이리라. 그것은 자기만의 언어야 하고 비로소 Aura가 존재할 것이다. 이러한 바라보기로 채식주의를 관조해야 한다.

2. 결정된 답 or 상상력

　책들에는 다양한 내용이 담겨 있다. 두 가지로 대별하자면 그 중 하나는 이미 정해진 답을 독자에게 반복하여 알리는 책이다. 다른 하나는 반복을 탈피한 책이다. 낯선 이미지와 상징성이 담긴 상상력으로 독자에게 생각할 공간을 새롭게 제공하는 내용이다.

　어떤 책을 읽든 그것은 독자의 몫이다. 하지만 답을 제공하는 책들은 이미 낯익은 시니피앙들이 대부분이다. 글쓴이의 편견으로 독자들과 소통하려고도 한다. 자기계발서나 교양서적들이 여기에 해당한다. 상상력을 제공하는 책들은 나름대로 낯설게하기를 시도한 시니피앙들이 많다. 좋은 동화나 좋은 소설들이 해당된다.

　책에 대한 두 가지 분류는 이제 사물에 대한 답을 읽고 따라가는 독자와 사물에 대한 이미지를 읽고 스스로 생각하는 독자로 환치된다. 누군가의 생각을 따라가는 일도 좋다. 하지만 스스로 생각하고 판단하는 일이 더 중요하리라. 여기에 더하여 생각에 생각이 비약하는 다양한 독서는 행복한 삶을 누리게 하는 동기이기도 하다.

　지금 우리가 만나는 고대의 서사들은 대부분 상징성을 띤 스토리텔링들이다. 에피소드로 형상화된 이미지인 것이다. 그 비중이 서양보다 동양이 더 높다. 그 고전들은 다양하게 해석되기도 한다. 정해진 답이 없는 책들이 대부분이다. 좋은 동화나 좋은 소설처럼 읽히는 이야기들이다.

끝으로 거듭 강조하고 싶은 게 있다. 본고에서 소개한 참고 문헌들은 필자의 어떤 편견 때문이 아니라는 걸 독자께서 알아주길 새삼 당부드린다. 필자는 소설 채식주의자의 외설적이거나 예술적인 시니피앙의 관점에서 뭔가를 나열하고자 하는 것 외 다른 목적이 없는 것이다. 어떤 시니피에를 두고 어떤 작가가 나름의 시니피앙으로 독자를 향해 피력하는지를 보여드릴 뿐이다.

본고에서 강조한 에로티즘이라는 작은 부분으로 Aura를 담론화하기에는 무리일 것이다. 하지만 에로티즘을 묘사하는 협소한 시니피앙들에서조차 글쓴이의 Aura를 엿보려 시도했다는 걸 이해해 주리라 믿는다.

언젠가 딸이 내게 물었다. 좋은 소설이나 영화에는 왜 야한 장면들이 많이 나와? 그때 나는 뭐라 말하지 못했다. 이 책이 그 질문에 좋은 답이면 보람되리라.

참고문헌

한 강 저, 『채식주의자』, 창비, 2016.
김 석 저, 『프로이트 꿈의 해석』, 살림, 2020.
--------, 『에크리』, 살림, 2010.
이병희 저, 『도덕경』, 도서출판 답게, 2014.
김서영 저, 『프로이트의 꿈의 해석』, 사계절, 2015.
--------, 『내 무의식의 방』, 책세상, 2015.
김산해 저, 『최초의 신화 길가메시 서사시』, 휴머니스트, 2007.
한승원 저, 『소설 원효』, 1·2, 비채, 2006.
황석영 저, 『손님』, 창비, 2007.
박완서 저, 『그 많던 싱아는 누가 먹었을까』, 웅진닷컴, 2002.
정여울 저, 『헤세로 가는 길』, arte, 2016.
위기철 저, 『아홉 살 인생』, 청년사, 2006.
정채봉 저, 『스무 살 어머니』, 샘터사, 2005.
이양수 저, 『폴 리쾨르』, 커뮤니케이션북스, 2016.
안 광 저, 『성난 타조』, 실천문학사, 2011.
유기환 저, 『조르주 바타이유』, 살림, 2017.
박문일 저, 『태교는 과학이다』, 프리미엄북스, 2009.
EBS 황준성 외 저, 『아이의 정서지능』, 지식채널.

고운기 외 역, 『마광수, 금기와 위반의 상상력』, 역락, 2020.
오양진 저, 『데카당스』, 연세대학교 출판부, 2008.
이병주 저, 『허균』, 나남, 2014.
이현주 편, 『무위당 장일순의 노자 이야기』, 삼인, 2003.
이윤기 저, 『그리스 로마신화 2』, 웅진지식하우스, 2011.
변광배 저, 『장 폴 사르트르 시선과 타자』, 살림, 2004.
이민규 저, 『표현해야 사랑이다』, 끌리는 책, 2017.
전성태 저, 『두 번의 자화상』, 「소풍」, 창비, 2021.
양관수 저, 『포스트게놈 시리즈 2050』, 『포스트게놈 시리즈 2050』, bookin, 2016.
--------, 『사랑은 나노입자』, 『갈목이네 집』, bookin, 2020.
박해용 저, 『비트겐슈타인이 들려주는 언어 이야기』, 자음과모음, 2017.
오윤호 저, 『소쉬르의 일반언어학 강의』, 씽크하우스, 2012, 85쪽.

아크람 거셈푸르 저, 김영연 역, 『닐루화르의 미소』, 큰나, 2008.
T. S. 엘리엇 저, 황동규 역, 『황무지』, 민음사, 2021.
나나 게오르게 저, 김인순 역, 『종이약국』, 박하, 2015.
H. N. 호지 저, 양희승 역, 『오래된 미래』, 중앙books, 2018.
오스카 와일드 저, 한명남 역, 『도리언 그레이의 초상/살로메』, 동서문화사, 2012.

토마스 하디 저, 이종구 역, 『테스』, 문예출판사, 2008.

샬럿 브론테 저, 이미선 역, 『제인 에어』 상·하, 열린책들, 2014.

에밀 졸라 저, 이희영 역, 『목로주점』, 동서문화사, 2020.

―――――――――, 김치수 역, 『나나』, 문학동네, 2014.

플로베르 외 저, 민희식 외 역, 『보봐리 부인/여자의 일생/나나』, 동서문화사, 2008.

피츠제럴드 저, 김욱동 역, 『위대한 게츠비』, 민음사, 2003.

안데르센 저, 이나경 역, 『안데르센 동화집』, 「인어공주」, 현대문학, 2011.

헤르만 헤세 저, 전영애 역, 『데미안』, 민음사, 2012.

―――――――――, 김이섭 역, 『수레바퀴 아래서』, 민음사, 2011.

―――――――――, 박병덕 역, 『싯다르타』, 민음사, 2010.

소식 저, 류종목 역, 『소동파 시선』, 지식을만드는지식, 2011.

심복 저, 지영재 역, 『浮生六記』, 을유문화사, 2001.

프로이트 저, 김인순 역, 『쾌락의 원리 너머』, 부북스, 2013.

―――――――――, 이환 역, 『꿈의 해석』, 돋을새김, 2019.

론 파워스 저, 정지인 역, 『내 아들은 조현병입니다!』, 푸른숲, 2019.

로버트 존슨 저, 고혜경 역, 『당신의 그림자가 울고 있다』, 에코,

2009.

키플링 저, 윤희기 역, 『정글북』, 비룡소, 2016.

오스카 와일드 저, 한명남 역, 『도리언 그레이 초상/살로메』, 동서문화사, 2012.

장폴 사르트 저, 정명환 역, 『문학이란 무엇인가』, 민음사, 2005.

보들레르 저, 박철화 역, 『악의 꽃/파리의 우울』, 동서문화사, 2014.

발터 벤야민 저, 반성완 역, 『발터 벤야민의 문예이론』, 민음사, 2009.

밀란 쿤데라 저, 이재룡 역, 『참을 수 없는존재의 가벼움』, 민음사, 2003.

————, 김병욱 역, 『느림』, 민음사, 2006.

————, 방미경 역, 『농담』, 민음사, 2006.

에밀 아자르 저, 김남주 역, 『가면의 생』, 마음산책, 2017.

————, 용경식 역, 『자기 앞의 생』, 문학동네, 2015.

미하일 엔데 저, 한미희 역, 『모모』, 비룡소, 2008.

조너선 와이너 저, 양병찬 역, 『핀치의 부리』, 동아시아, 2017.

콜린 윌슨 저, 이성규 역, 『아웃사이더』, 범우사, 1997.

아우구스트 저, 이순예 역, 『여성론』, 까치, 1995.

미셸 푸코 저, 이규현 역, 『광기의 역사』, 나남, 2020.

알베르 카뮈 저, 이혜윤 역, 『이방인』, 동서문화사, 2020.

톨스토이 저, 맹은빈 역, 『안나 까레니나』, 동서문화사, 2018.

소포클레스 외 저, 천병희 역, 『오이디푸스와, 안티고네 외』, 「안티고네」, 문예출판사, 2006.

―――――――――, ―――――――, 『오이디푸스와, 안티고네 외』, 「오이디푸스 왕」, 문예출판사, 2006.

쇼펜하우어 저, 권기철 역, 『의지와 표상으로서의 세계』, 동서문화사, 2020.

―――――――――, 홍성광 역, 『쇼펜하우어의 행복론과 인생론』, 을류문화사, 2013.

니체 저, 하루히코·박재현 역, 『超譯 니체의 말』, 삼호미디어, 2012.

조르주 바타유 저, 이재형 역, 『눈 이야기』, 김영사, 2019.

―――――――――, 조한경 역, 『에로티즘의 역사』, 민음사, 2007.

―――――――――, ―――――――, 『에로티즘』, 민음사, 2009.

옐리네크 저, 이병애 역, 『피아노 치는 여자』, 문학동네, 2009.

보들레르 저, 박철화 역, 『악의 꽃/파리의 우울』, 동서문화사, 2014.

카를 위스망스 저, 유진현 역, 『거꾸로』, 문학과지성사, 2007.

프리드리히 니체, 김남우 역, 『비극의 탄생』, 열린책들, 2016.

마렉 플라스코 저, 양혜윤 역, 『8요일』, 세시, 2008.

페터스 저, 김성겸 역, 『나의 누이여 나의 신부여』, 청년사, 1978.

로렌스 저, 유영 역, 『채털리 부인의 연인』, 동서문화사, 2008.

제임스 저, 박은서 역, 『그레이의 50가지 그림자 2』, 시공사, 2015.

제롬 데이비드 샐린저, 공경희 역, 『호밀밭의 파수꾼』, 민음사, 2005.

배빗 콜 저, 고정아 역, 『엄마가 알을 낳았대!』, 보림출판사, 2015.

레비스트로스 저, 박옥줄 역, 『슬픈 열대』, 한길사, 2017.

탈레스 외, 김인곤 외 역, 『소크라테스 이전 철학자들의 단편선집』, 아카넷, 2016.

루이스 세풀베다 저, 정창 역, 『연애소설 읽는 노인』, 열린책들, 2015.

버지니아 울프 저, 이미애 역, 『자기만의 방』, 민음사, 2006.

소쉬르 저, 최승언 역, 『일반언어학 강의』, 민음사, 2021.

조너선 컬러 저, 이종인 역, 『소쉬르』, 시공사, 1999.

슈링크 저, 김재혁 역, 『책 읽어주는 남자』, 시공사, 2019.

제임스 조이스 저, 이종일 역, 『더블린 사람들』, 민음사, 2014.

버지니아 울프 저, 최애리 역, 『댈러웨이 부인』, 열린책들, 2009.

사뮈엘 베케트 저, 오증자 역, 『고도를 기다리며』, 민음사, 2006.

마그리트 뒤라스 저, 방미경 역, 『히로시마 내 사랑』, 민음사, 2019.

영화

임우성 감독, 《채식주의자》, 한국, 2010.
오시마 나기사 감독, 《감각의 제국》, 일본, 1976.
미카엘 하네케 감독, 《피아니스트》, 프랑스/오스트리아, 2001.
로만 폴란스키 감독, 《피아니스트》, 폴란드, 2002.
자코 반 도마엘 감독, 《제8요일》, 프랑스/벨기에, 1996.
마셜 허스코비츠 감독,《베로니카 사랑의 전설》, 미국, 2001.

한강 《채식주의자》 다시 읽기
— 외설인가 예술인가

초판 1쇄 발행 2023년 10월 31일
초판 2쇄 발행 2024년 11월 1일

지은이 양관수
회 장 서정환
발행인 정종명
편집주간 차윤옥

펴낸곳 도서출판 **계간문예**
주 소 03132 서울 종로구 삼일대로 30길 21 종로오피스텔 1209호
전 화 (02) 3675-5633 팩스 (02) 766-4052
이메일 munin5633@naver.com
홈페이지 http://cafe.daum.net/quarterly2015
등 록 2005년 3월 9일 제300-2005-34호
연락처 03132 서울 종로구 삼일대로 32길 36 운현신화타워 305호
인 쇄 54991 전북 전주시 완산구 공북1길 16, 신아출판사
ISBN 978-89-6554-307-7 03810

값 19,000원

잘못 만든 책은 바꾸어 드립니다.
저자와 협의하여 인지를 생략합니다.

이 책의 글과 그림에 관한 저작권은 저자와 출판사에 있습니다.
저자 허락과 출판사 동의 없이 내용의 일부를 인용, 발췌를 금합니다.